디자인싱킹

Design Thinking

디자인싱킹

Design Thinking

초판 3쇄 2021년 8월 31일 **초판 발행** 2016년 9월 15일

지은이 송동주 · 박재호 · 강상희

펴낸곳 영남대학교출판부 / **펴낸이** 서길수

출판등록 1975년 9월 5일 경산 제16-1호

주소 경북 경산시 대학로 280 / 홈페이지 book.yu.ac.kr

전화 053) 810-1801~3 / **FAX** 053) 810-4722

ISBN 978-89-7581-537-9 03180

디자인싱킹

Design Thinking

송동주 · 박재호 · 강상희 지음

pegasus

머리말

디자인싱킹은 현재 세계적인 추세로 확산되고 있다. 10여 년 전 미국, 독일, 스위스 그리고 스칸디나비아 등 선진국 중심으로 시작한 이 같은 움직임이 지금은 교육선진국인 싱가포르를 포함하여 일본, 스웨덴, 중국 그리고 말레이시아 등에서도 활성화되고 있다. 나아가 스페인, 발틱 3국 및 러시아 등도 예외가 아니다.

그러면 디자인싱킹이 도대체 이처럼 요원의 불길처럼 확산되는 이유는 무엇인가? 가장 큰 이유는 아마도 미래를 짊어지고 갈 젊은이들에게 생각하는 방법을 학습하는 기회를 제공하고, 이들로 하여금 빠른 시간에 국제화를 촉진시켜, 이노베이션을 이룩하는 사회의 주역이 되도록 하는 기회를 창출하고자 하기 때문이다. 실제 이 목표는 10여 년 전 싱가포르 정부 및 대학이 공동으로 미래를 이끌어 갈 인재 육성을 위해 세계 각국을 벤치마킹하고, 마침내 캐나다 토론토대학 비즈니스 스쿨과 협업하여 디자인싱킹을 전파할 강사양성을 한 이유이다.

디자인싱킹은 우리가 생각하는 힘들고 어렵고 천재만이 할 수 있다고 생각하는 이노베이션에 접근법을 제시해 주고 있다. 즉 레오나르도 다빈치, 토마스 에디슨 그리고 스티브 잡스 같은 이노베이터는 수백 년에 한 사람이나 태어 날 정도의 확률이다. 그런데 디자인싱킹에서 제시하는 "고객 중심"의 "인간중심 접근법"을 적용하면 이 같은 거인이 아닌 보통 사람들도 이노베이션에 접근할 수 있다.

오늘날 우리 사회에 가장 필요한 역량이 변화와 혁신을 추구하는 이노베이션 능력이다. 이노베이션을 시작하는 시발점은 바로 생각하는 방법에서부터 나온다. 여기에 추가하여 팀이 아이디어를 내고 평가해서 공동의 솔루션을 찾고, 나아가 실수나 실패를 "초기에, 자주 그리고 또 많이" 해 봄으로써 크고 작은 이노베이션을 달성할 수 있다.

우리가 익숙한 기존의 교육체제는 조석으로 바뀌는 글로벌환경변화를 따라가는 데 역부족이다. 아무리 최첨단 학문분야를 대학에서 전공했다 해도, 그 유효성은 5년이 되면 반감된다. 이 같은 변화의 시대에 여러 분야가 결합하는 학제간의 협업, 서로 다른 영역과 다른 문화의 사람들과 공통의 목표를 추구하는 무조건적인 협력이야 말로 오늘날 현대를 살아가는 우리 모두가 갖추어야 할 역량이다.

디자인싱킹은 방법론이면서도 유연성을 가지고 있다. 대부분의 자료는 오픈소스로 공개되어 있다. 그런데 그 소스가 오픈되었다는 것 자체만 가지고는 쉽게 학습하고 실행하는 것이 어렵다. 왜냐하면 디자인싱킹 프로세스를 자유롭게 활용하려면 그 유일한 방법이 많이 해 보는 것이기 때문이다. 따라서 대상에 구분없이 수 많은 경험을 쌓는 것이야 말로 인간중심의 디자인싱킹을 자기자신을 위하여, 팀과 조직을 위해서 그리고 사회와 인류를 위해서 사용할 수 있는 지름길이 된다.

본서는 이 분야를 처음 접하는 대학생들, 기업에서 조직생활을 하는 대부분의 직장인, 국민의 공복으로 일하는 공무원들 나아가 혁신 및 이노베이션을 추구하는 모든 분들을 위해서 저술되었다. 여기서 다루는 새로운 방법론은 분명히 기존과 다른 성과를 내는 기회를 제공할 것이라고 판단한다.

이 책을 함께 저술한 저자들은 모쪼록 디자인싱킹이 개인, 가정, 직장 나아가 한국사회가 직면하는 도전에 새로운 방안을 제공하고, 그 결과 우리 사회가 좀 더 밝고, 소통이 되고, 나아가 경쟁력을 가져서 미래 지향적으로 되는 데 기여하기를 간절히 바란다.

2016. 8. 30.

저자 일동

차 례

표 차례

그림 차례

chapter 1

이노베이션과 **디자인싱킹**

역사적으로 보면 새로운 문명의 시대는 신기술이 개발되고 동시에 새로운 생각하는 방식이 출현함으로써 찾아왔다. 우리는 지금 역사상 유례가 없는 격변기를 직면하고 있다. 기술의 급격한 발전으로 사회 변화의 주기가 짧아지고, 빠른 기술변화로 말미암아 제품 및 서비스의 생명주기 역시 짧아지고 있다. 하룻밤 자고 일어나면 또 새로운 기술이 우리를 맞이하는 시대를 살아가고 있는 것이다.

그 결과 종래의 산업구조는 전면적인 전환을 하지 않으면 안 되는 상황에 이르게 되었다. 끊임없이 계발되는 신기술을 상품화하고 사회변화의 예측을 기반으로 미래의 신상품을 기획하고 개발하는 일이야말로 그 어느 때보다 중요하게 되었다. 따라서 새로운 지식과 서비스의 창출이 거의 모든 분야에서 최우선 목표가 되었다.

우리는 이러한 시대를 맞이하여 새로운 방식으로 문제를 발견하고 이를 해결하기 위해 전체적·체계적으로 분석·종합하면서 창조적·혁신적으로 접근하는 노력을 해야 한다.

기술 변혁 시대의 혁신은 기술 분야에만 국한되는 것이 아니다. 그 대신 우리가 사물을 바라보는 방식, 사물이나 현상 속에서 문제를 발견하고 나아가서 이를 해결하는 방식에까지 확대되어야 한다. 창조적 이노베이션이 요구되는 시대에 디자인싱킹은 이를 실행하기 위한 방법론으로 활용될 수 있다. 사물이나 현상을 체계적으로 보는 "시스템적 사고", 실행 주체들의 "팀 협력", 그리고 문제정의와 실패를 용인하는 "프로토타입"을 중시하는 디자인싱킹 방법론이야 말로 새롭고 다른 결과를 추구하는 이노베이션으로 가는 지름길이다.

1.1. 이노베이션이란 무엇인가?

21세기의 화두라 할 수 있는 이노베이션(innovation)[1] 은 도대체 무엇을 의미하는가? 만일 우리가 이노베이션이 무엇인가에 대한 답을 정확하게 얻을 수 없다면, 우리나라와 기타 선진국들이 도전하는 돌파적 성과로 연결되는, "거대혁신"을 해낸다는 것은 불가능하다. 따라서 이노베이션이 무엇인가를 정확하게 정의하고 출발하는 것이 반드시 필요하다.

이노베이션은 영어의 'New'에 해당되는 라틴어 'Novus'에서 유래한다. Novus는 신성 폭발(新星爆發)을 뜻하는 라틴어 단어 'Nova'의 어원이다. 결국 어원적 의미를 분석해 보면, 이노베이션이란 신성폭발과 같이 '혁신적'이라는 의미를 내포함을 알 수 있다.

이노베이션은 Nova, 즉 신성폭발에 비견될 만큼 파괴적인 영향력을 가져야 할 뿐만 아니라 또한 지속적으로 진행되어야 하는 것이다. 다시 말해 이노베이션은 "파괴적일 정도로 세상을 변화시킬 뿐만 아니라 나아가서는 지속성도 가지고 있는 변화"를 의미한다.

우리나라에서는 이노베이션을 흔히 "기술혁신" 정도로 옮기고 있다. 기술혁신이라는 말은 단지 작은 개선 정도의 의미로 해석될 수 있기에 이노베이션이 내포하는 의미의 일부만 담고 있다고 할 수 있다. 그러나 '이노베이션'은 마치 새로운

1_ '이노베이션'을 보통 '혁신'으로 번역하여 사용하지만, 본서에서는 '이노베이션'에 내포되어 있는 뜻의 일부만을 '혁신'이 포함하고 있다고 보고 이하 '이노베이션'으로 표현한다.

위성이 폭발하는 것과 같은 정도의 근본적인 변화를 지칭한다.

정보기술(IT) 분야에서 "컴퓨터의 연산능력은 18개월에 2배가 된다"는 '무어의 법칙'이 있다. 이는 65년 전 인텔의 공동창업자 중 한 사람인 고든 무어(Gorden Moore)가 발표하였다. 무어의 법칙에 의하면 컴퓨터의 연산능력은 10년이면 기존 능력의 백배, 20년이 지나면 만 배가 되기 때문에 정보기술(IT)은 폭발적 발달을 약속할 수 있다고 예측하였다. 무어의 이 같은 주장은 IT분야의 투자를 불러오게 되었고, 이노베이션 사이클을 탄생시켰다.[2]

일본의 경우, 온수 세정 좌변기로 화장실의 가치를 높인 TOTO를 대표적인 이노베이션 사례로 들고 있다. 이노베이션을 일으키는 아이디어의 필수조건은 본 적도 들은 적도 없는 것, 실현 가능한 것, 그리고 세상에 큰 영향과 반향을 일으킬 것이다.

〈표 1.1〉 이노베이션을 일으키는 아이디어의 필수 조건

이노베이션을 일으키는 필수조건	1. 본 적도 또 들은 적도 없는 것	2. 실현이 가능한 것	3. 세상에 큰 영향을 미치고 반향을 일으키는 것

이러한 이노베이션의 사례 중 하나로 우리 주변에서 흔히 사용하는 제품의 하나인 USB(메모리)를 들 수 있다. USB는 컴퓨터에 주변기기를 접속시키기 위한 단자기술에 해당한다. USB라는 단자를 사용한다는 것을 과거에는 아무도 생각하지 못했다. 콜럼부스의 달걀과 같은 발상의 전환이 아니었다면 USB의 편리함은 누릴 수 없었을 것이다.

실현 가능성이라는 측면에서 보면 단자기술을 실제로 '제품과 서비스'에 접목시켜 이를 유용하게 변환시키는 데 현재의 기술을 활용하고, 향후에도 개발이 예상되는 기술로 지속적으로 발전시킬수 있다는 점이다.

2_ 이노베이션의 성지(메카)는 미국의 실리콘벨리이다. 전 세계적으로 가장 이노베이션이 활성화되고 있는 나라가 바로 미국이고 그 중심에 샌프란시스코를 배후 도시로 끼고 있는 실리콘벨리가 있다.

그 다음으로 '큰 영향을 주어 세상에 물의를 일으키고 반향을 주는 것'이 특히 중요하다. 세상에 큰 물의를 일으킬만한 아이디어는 보통 상식적으로는 납득하기 어렵기 때문에 흔히 실행 불가능하다는 평가를 받는 경우가 많다.

사람은 원래 보수적이다. 머리로는 변화를 받아들여야 한다고 생각하더라도 마음으로는 수용하기 어려워서 새로운 아이디어에 저항하는 경우가 많다. 따라서 만일 우리생활에 파동을 일으킬 만한 아이디어가 등장하는 경우 그 아이디어를 채택할지 아니면 거부할지를 다수결로 결정하지 말고 그 시점에서 이노베이션의 가능성을 따져보는 것이 매우 중요하다. 왜냐하면 다수결에 의한 결정은 아이디어를 빙빙 돌리기 때문에 마침내는 논의로부터 제외시킬 가능성이 크기 때문이다.

이노베이션이라 불릴 만큼 파급력이 크고 가치 있는 변화가 되기 위한 조건으로 상기한 세 가지 외에 하나를 더 덧붙이면 고객 즉 소비자가 원하는 것이어야 한다는 것이다. 요컨대, 이노베이션이 이루어지려면 다음의 4가지 조건이 충족되어야 한다.

1) 본 적도 또 들은 적도 없는 것
2) 실현 가능성이 있는 것
3) 세상에 큰 영향을 미칠 수 있는 것
4) 고객, 즉 소비자가 원하는 것

참고로 개진된 아이디어에 대해 찬반양론이 공존하는 경우에는 우선 쉬운 아이디어를 먼저 살리는 것이 바람직하다. 왜냐하면 여기에 이노베이션으로 가는 열쇠가 숨어 있는 경우가 많기 때문이다.

1.2. 왜 이노베이션이 필요한가?

요즈음 "한국 경제의 금후는 어떻게 될지 두려움이 느껴집니다."라든지 "유럽이나 미국의 기업은 따라잡기가 어렵고 중국 등 아시아 국가들은 바로 뒤에서 따라오기 때문에 글로벌 경쟁이 점차 심해져서 이기지 못할 것 같습니다." 등과 같이 한숨 섞인 고민이 기업인들로부터 빈번히 토로되고 있다.

우리나라 기업들은 현재 진퇴양난의 상황에 직면하고 있다. 자사 기술이 다시 태어나게끔 하는 결정적 계기(killer appeal)는 보이지 않고, 동종업계의 타사와 유사한 아이디어로 '도토리 키 재기' 식의 경쟁이나 하고 있다. 지금까지 우리나라 기업들이 주로 사용하던 벤치마킹 전략은 더 이상 통하지 않는다. 벤치마킹은 후발주자가 선발 주자를 보고, 배우고, 모방하는 것인데, 몇몇 분야에서 우리나라 기업들도 그 동안 선두가 되었기 때문에 더 이상 모방하고 벤치마킹할 대상이 없어져버린 것이다. 이는 마치 마라톤 경기를 할 때 경쟁심을 불러 일으킬 만한 선두에 달리는 선수가 없는 것과 같다.

이 기존 방식으로는 더 이상 글로벌 경쟁에서 살아남을 수 없다. 지금까지 해오던 일을 열심히, 효율적으로만 하는 전략은 현상유지도 할 수 없다. 따라서 지금까지와 전혀 다르고, 새롭고 유용한 아이디어를 발상하는 창조력을 발휘하여 구체적인 결과물, 즉 이노베이션을 이루어내는 것만이 치열한 글로벌 경쟁에서 살아남는 유일한 길이다.

그런데 그동안 벤치마킹 전략에 의존하던 우리나라 기업들은 "새롭고 또 다른" 것에 대하여 종종 저항감과 두려움을 보인다. 왜냐하면 오랜 시간동안 후발주자의 자리에 있으면서 타사가 이룬 성과를 확인하고 따라가는 것만 학습해 왔기 때문이다. 과거 중심적 사고, 기존 데이터(data)에 입각하여 분석적 사고만 해 온 기업들로서는 '새롭고 다른' 무언가를 창출해내지 않으면 안 되는 큰 곤경에 직면하게 된 것이다.

기업들이 이익을 창출하는 비즈니스 모델을 제안하고 이를 검토하여 마침내 실행하기까지는 많은 시간이 걸린다. 게다가 그 과정 중에 이해관계자(stakeholder) 간의 상충되거나 대립되는 가치를 조정하고 상호협력을 통해 창조력을 발휘하는 것 역시 결코 쉽지만은 않다. 게다가 글로벌 비즈니스는 현재 사면초가의 상황이다. 강력한 리더십을 발휘하는 것 역시 녹록치 않다.

이노베이션이란 0(Zero)에서 시작하여 지금까지 시장에 없는 제품이나 서비스를 새롭게 창조·창출하는 것을 말한다. 실제로 레오나르도 다빈치가 500여 년 전에 이룩한 업적, 약 100년 전에 토마스 에디슨이 이룬 발명, 그리고 최근 20~30년 동안 스티브 잡스가 만들어 낸 혁신적 성과 등은 역사상 일어날 확률이 대단히 작은, 마치 큰 위성이 폭발하는 것과 같은 이노베이션 사례들이라 말할 수 있을 것이다.

그런데 안타깝게도 한국 기업 대다수는 혁신적 이노베이션을 일으키는 것이 어렵다고 말만 하고 있다. 사실 국내 몇몇 회사의 경우는 기술력이나 품질에 자신감을 가지고 있다. 그러나 타사에 뒤지지 않는 기술력과 서비스 역량을 가지고 있음에도 불구하고 사회에서 필요로 하고, 고객이 좋아하는 제품이나 서비스로까지 승화시키는 성공적인 성과로 연결시키지 못하고 있다. 국내에서 이 같은 큰 이노베이션이 일어나는 것을 저해하는 요인들을 살펴보면 다음과 같이 정리할 수 있다.

첫째, 국내 기업에 작용하는 부정적 요소들 중 하나로 대기업병이 있다. 대기업병의 증세 중 하나는 '기업의 조직형태나 일하는 방식이 제도적 피로에 빠져 있는 것'이다. 대부분 기업의 경우 업무가 지나치게 세분화되어 있어 전체를 보는 시스템적 사고를 하는 것이 불가능하기 때문에 단지 자기 앞에 놓인 단편적인 현상에만 매달리곤 한다.

둘째, 지금과 같은 글로벌 네트워크 사회에서 필요한 집단지성에 의한 오픈 이노베이션(open innovation: 업종을 뛰어넘어서 협창하며, 이노베이션을 일으키는 것) 시대에 대응하지 못하는 환경적 요인이 있다. 혈연, 학연, 지연에 얽매이다 보면, 격변하는 글로벌 시대에 반작용을 일으키는 정보의 근시안이 될 수밖에 없다. 이는 새로운 아이디어에 대한 저항을 부르기 때문에 새롭고 또 유용한 아이디어가 기업 내에 자리잡기가 점차 어려워진다.

셋째, 새로운 아이디어가 다행히 나온다고 해도 "기대되는 매출이 너무 적네.",

"우리 회사 업종에는 맞지 않아.", 나아가서는 "그렇게 좋은 것을 왜 S사는 하지 않는데?" 등과 같은 이유로 아이디어가 사장되는 부정적 사고가 난무하다.

이 같은 현실에서 대다수 국내 기업들이 채택하는 문제해결 방안은 다음과 같다. 지금까지와 같은 방식으로 상황에 대처하면서 제품이나 기술을 지금보다 더 많이 개선 및 개량하여 문제 해결을 추구하는 것이다. 그런데 이 같은 접근법은 내부지향적 사고라 할 수 있으며, 회사가 정해 놓은 범위 내에서 해답이 있는 경우에만 유효하다.

오늘날 글로벌 경영 및 사회 환경은 이처럼 제도적 피로감에 빠져 있고, 이로 인해 기존 방식인 내부지향적 접근법을 가지고는 답을 찾지 못하는 경우가 허다하다. 결론부터 말하자면 총체적 난국을 돌파할 수 있는 이노베이션은 결국 조직 외부에서 온다. 여기서 말하는 조직 외부란 바로 고객과 시장, 특히 글로벌 시장이 아닐 수 없다.

이노베이션이 일어나게 하려면 사람들의 열정과 열의가 바탕이 되어 팀 중심으로 아이디어를 발상하고 또 문제해결을 위해서 협조해야 한다. 이때 팀원들은 전체를 아울러 보는 시스템적 사고(system thinking)에 입각하여 미래와 현재를 동시에 조망하면서, 고객 및 사용자(user)의 경험에서 문제를 도출하고 해결하는 통합적 사고, 즉 디자인싱킹(design thinking)을 할 수 있어야 한다.

이상을 구현하기 위해서 조직은 단순히 제품이나 서비스 기능 또는 성능을 강화하는 데만 그쳐서는 안 된다. 조직은 고객의 잠재적 니즈(needs)에서 가치를 발굴하고 그 가치를 높이기 위한 새로운 방법을 찾아야 한다. 나아가서 이를 추진하는 핵심 추진체는 결국 조직 구성원들이기 때문에 인재 육성과 조직 개혁을 체계적·지속적으로 실시하면서 조직 외부와 제휴하는 방법을 동원하는 이노베이션 활동을 꾸준히 하지 않으면 안된다.

이노베이션을 구현하기 위해서는 다음과 같은 두 가지 측면에 반드시 유의해야 한다.

1) 획기적 신기술을 개발하는 '기술 혁신형' 이노베이션

2) 사람의 마음속에 있는 가치를 재구축하는 '가치주도형 이노베이션'

특히 두 번째 이노베이션 카테고리는 고객, 즉 사용자의 니즈(needs)를 출발점으로 해서 자사의 강점을 활용하는 조직의 전체 역량을 집중시키는 것을 말한다.

1.3. 디자인싱킹이 주목받는 이유는 무엇인가?

"도대체 어떻게 해서 디자인싱킹이 세계적 조류가 되었는가?" 이에 대한 하나의 답은 "지적 생산에 종사하는 화이트컬러(white collar)에게 디자인싱킹을 통해 학습할 수 있는 '창조적 문제해결력'이 지식사회를 살아가는 데 반드시 필요한 힘이 되기 때문이다.

기존의 문제해결 방식이 한계에 봉착함으로써 디자인싱킹은 갈수록 더 중요해지고 있다. 그렇다고 디자인싱킹이 모든 문제에 대해 원만하게 작동하는 것은 아니다. 디자인싱킹이 더 잘 작동하는 문제들은 '잘 정의되지 않은 문제'인 경우이다. 잘 정의되지 않은 문제란 초기에 문제 자체와 해결책이 별로 알려지지 않은 문제를 말한다. 디자인싱킹의 문제해결과정은 실제 문제를 정의하는 일이 가장 중요한 부분을 차지한다. 또한 조직의 안락한 영역을 벗어나 위험이 도사리는 '다루기 힘든(tricky)'문제야 말로 디자인싱킹의 주요 대상이 된다. 결국 우리가 모르는 문제(unknown problem), 그래서 어떻게 해결해야 할지 그 방법을 모를 때(unknown method how to solve)가 바로 디자인싱킹 방법을 적용하기가 가장 적합한 상황이라 할 수 있다.

유럽과 미국을 중심으로 한 세계적인 디자인 스쿨, 비지니스 스쿨, 디자인 전문회사, 이노베이터와 리더들은 디자인싱킹이 왜 필요한지 그 이유를 오늘날 대두하는 글로벌 조류를 통해 다음과 같이 분석하고 있다.

▶ 조류 1: 선진국 기업들이 비즈니스에서 절실히 찾고 있는 것은 이노베이션이다

1) 성숙한 사회의 선진국 기업들도 이노베이션을 지속적으로 하지 않으면 살아남기 어려운 사태에 직면한다.

2) 신흥국의 대기업이나 거대 벤처기업들과 경쟁이 격화되기 때문에 기존 기업은 수익 모델의 거대한 전환이 필요하다.

3) "눈앞에서 본업이 사라져 가고 있다." 따라서 "새로운 신규 사업을 만들어내지 않으면 살아남지 못한다."는 말은 거의 모든 조직구성원에게 회자되고 있다.

4) 선진국의 화이트컬러 지식 근로자와 신흥국의 저렴한 우수 근로자 사이에는 엄청난 경쟁이 일어나고 있다. 그 결과 선진국 지식 근로자의 급여는 상대적으로 떨어지고 있다.

5) 이에 대한 대처방안은 자신들만 할 수 있는 새로운 가치 창출이다. 이는 지식 노동자가 자신만 가지는 독자적 포지션을 만들어 나가는 것으로, 이것이 바로 글로벌 경쟁에서 살아남을 수 있는 유일한 길이다.

6) 한국의 경우 주로 연구 개발 부문에 의한 기술주도 이노베이션을 중심으로 새로운 가치를 창출하는 "기술 혁신 신화를 추구"하고 있다.

7) 그러나 이제부터 전개되는 시대는 기술, 인문, 문화, 예술, 브랜드, 자원 등을 융합하여 오리지널한 가치를 만드는, '가치주도형 혁신'이야 말로 추격하는 후발국과 차별화를 꾀하고 나아가 선진국을 따라 잡는 유일한 길이다.

▶ 조류 2: 5천만 국민이 모두 크리에이터가 되는 인프라 정비가 필요하다

1) 인터넷, 스마트폰, 소셜 네트워크 등의 출현은 사회 구조의 급격한 변화를 가지고 왔다. 그 결과 특정한 일부 사람들만 접근 가능했던 창작·표현 활동이 오늘날에는 누구든지 접근할 수 있는 영역이 되었다.

2) 이를 좀더 구체적으로 살펴보면, 페이스북을 사용하는 사람은 전세계 13억 명이 넘었고, 인스타그램이라는 동영상 공유 SNS를 사용하는 사람은 3억 명이 넘었다. 스마트폰으로 사진을 찍고, 이를 인스타그램이나 페이스북을 통해서 친

구들과 공유할 뿐만 아니라, 나아가 더 멋진 구도의 사진으로 가공하는 등의 창조력을 발휘하는 등의 활동은 이제 모두에게 일상적인 일이 되었다.

3) YouTube에 올리는 패러디 동영상이 대유행을 할 뿐만 아니라 개인은 웹사이트를 만들어 SNS 커뮤니티를 운영하고 마케팅도 하면서 생계를 영위하기도 한다.

4) 3D 프린터와 레이저 CNC(공작기기) 등이 일상화되면 Desk Top Fabrication 혹은 "메이커 운동"(Maker Movement)가 범용화되어, 어느 누구든 자기생활에 필요한 것을 디자인하고 직접 만드는 DIY(Do It Yourself) 시대가 되었다.

5) 독자적인 창조력을 활용하여 본인의 일상들을 디자인하거나 보다 발전시켜 이런 것을 상업적으로 유통, 부업으로 생계에 연결시키는 것도 활성화되어가고 있다.

▶ 조류 3: 기계와 인간의 작업을 결합

1) 금후 20년 정도가 지나면 심층학습(Deep learning) 등과 같은 기계학습이나 인공지능의 발달로 인해 지금까지 인간이 해 오던 일을 기계가 대체할 것으로 예상된다. 최근 인공지능 바둑 프로그램인 알파고와 이세돌 구단과의 바둑대결에서 볼 수 있듯이, 빅데이터(Big data)와 심층학습(deep learning)에 의한 인공지능 기계의 역할은 빠르게 영역을 확장시켜 나갈 것이다. 영국 옥스퍼드대학의 오스본 교수는 "컴퓨터가 진화하면서 앞으로 사라지게 될 직업에 대한 연구" 결과를 발표하면서 미래에 기계로 대체하기 어려운 직업으로 다음과 같은 두 가지 범주를 들고 있다.

첫째, 헬스 케어, 학습, 심리학 등과 같이 사람과 깊은 커뮤니케이션이 관련되고 또 필요한 직업

둘째, 디자인, 엔지니어링, 경영 등 "창조력"을 요구하는 직업

2) 인공지능이 발달하면 데이터 분석이나 패턴 이해 등에 있어서는 인공지능이 인간보다 더 효율적으로 답을 낼 수 있기 때문에, 분석을 중심으로 하는 일들은 인공지능으로 대체 가능성이 큰 스킬로 분류된다.

3) 그럼에도 불구하고 기계가 분석한 내용에 대해 해결책을 제시하고 의사결정

을 하는 것은 여전히 인간만이 해낼 수 있는 일일 것이다.

▶ **조류 4: 개성을 통한 자기다움을 찾고, 개인적 행복을 추구하는 시대의 도래**

1) 자기다움이란 자기만족과 동의어이고, 행복을 찾는 것은 스스로 만족하는 생활을 말한다. 사회가 성숙한 선진국의 경우, 사람들이 추구하는 가치는 점차 물질적 만족에서 정신적 만족으로 변해가고 있다.

2) 2050년대가 되면 세계 인구는 약 90억 명이 될 것으로 예상된다. 따라서 한정된 자원을 지금보다 훨씬 많은 사람의 수로 나누어야 하는 것이 인류의 과제가 된다. 이와 같은 이유로 21세기 후반은 반드시 "자기답게 자족하는 것을 아는 시대"가 될 것이다.

3) 매일 창조력을 발휘하면 행복감이 증가한다. 개인은 생활 스타일을 스스로 디자인하고, 자신이 좋아하고 자기 천성에 맞는 생활을 하면 행복을 느낄 수 있을 것이다. 이를 위해 가장 중요한 기술은 "창조력을 발휘하는 능력"이라고 볼 수 있다.

1.4. 어디에서 디자인싱킹을 배울 수 있는가?

스탠포드대학, 하버드대학, 토론토대학과 같은 세계 유수의 대학들이 디자인싱킹을 교과목으로 가르치고 있다. 또한 P&G, IBM 그리고 Siemens 등과 같은 글로벌 기업들 역시 디자인싱킹을 전사적 혁신방안으로 가르치고 확산시키고 있다.

캐나다 토론토대학의 로트만 비즈니스 스쿨에서는 MBA과정에 처음부터 비지니스 디자인싱킹이란 교과목을 개설하여 체계적으로 가르치고 있다. 독일 포츠담대학의 HPI연구소에서는 연중무휴로 학생 및 일반인을 대상으로 디자인싱킹 코스를 제공하고 있다.

북유럽의 경우도 예외가 아니다. 노르웨이 NTNU대학은 디자인싱킹과 제품 개발을 연계시킨 교과목이 여러 전공 분야 학생들의 폭발적인 참여와 인기를 불러일으키고 있다. 노르웨이에 있는 Bergen대학은 기업, 공무원, 임원 대상 디자인 싱킹(Executive Design Thinking) 9개월 과정을 성황리에 진행하고 있다. 스위스 상갈렌(St. Gallen)대학은 디자인싱킹을 스위스, 독일, 오스트리아 등의 대기업과 공동으로 수행하고 있다. 이 대학의 고객기업으로 BMW, Audi, Deutsche Bank, 그리고 UBS 등이 있다. 스웨덴의 경우 3개 대학이 컨소시엄(Consortium)을 만들어서 디자인싱킹 센터를 오픈하여 공동으로 운영하고 있으며 디자인 강국인 핀란드는 Aalto대학을 중심으로 디자인싱킹을 전 세계를 대상으로 체계적으로 확산시키고 있다.

일본의 경우 게이오대학을 필두로 하여 와세다, 도쿄, 큐수대학 등 7개 대학이 컨소시엄을 만들어 디자인싱킹을 확산시키고 있다. 기업들 역시 적극적으로 참여하고 있는데, 이를 통해 일본기업들은 이노베이션을 시도하고 있다.

중국 베이징 교통대학은 최근 독일 HPI의 도움으로 디자인싱킹 센터를 베이징에 오픈하였다. 교육 강국인 싱가포르는 2005년부터 디자인싱킹 테크놀로지 도입을 위해서 정부 차원의 지원을 받아 토론토 대학과 협약을 맺고 수백만 달러의 트레이닝 비용을 지불하면서 20여 명의 트레이너를 2년에 걸쳐 양성하였다. 싱가포르 폴리텍대학은 대학생들뿐만 아니라 정부 기관 공무원, 기업체 임직원 그리고 병원, 컨설팅 회사 나아가 사회(적) 기관들을 대상으로 교육 및 컨설팅을 진행하고 있다. 디자인싱킹 도입 10여 년이 지난 지금, 싱가포르는 외국에 디자인싱킹을 컨설팅해 주는 수준으로까지 성장하였다.

말레이시아 역시 수상 직속으로 있는 수상부의 지원하에 디자인싱킹을 교육하고 훈련하며 컨설팅하는 제노바시 디자인싱킹 스쿨을 만들었다. 이들은 독일 HPI로부터 트레이너 양성을 위한 훈련을 받는데, 이를 위한 비용은 정부에서 지원해 주었다. 현재 제노바시 디자인싱킹 스쿨은 대학생, 일반인, 공무원들의 이노베이션 마인드를 교육하고 있으며, 일반 기업체는 물론이고 정부 기관 중 특히 경찰 공무원을 대상으로 3주간에 걸친 디자인싱킹 집중 코스를 운영하고 있다.

그렇다면 이 같이 다양한 나라들, 대학들 그리고 기업들이 디자인싱킹 과정을 개설, 도입 또 강조하는 이유는 도대체 무엇인가?

먼저 MBA School과 Design Thinking School 간의 문제 해결 접근 방식을 비교하여 보면 다음 표와 같이 요약할 수 있다.

〈표 1.2〉 MBA School과 Design Thinking School의 문제 해결 접근 방식

MBA School	Design School
• 논리적 사고를 중심으로 비지니스를 효율적으로 하는 방법을 가르치는 어프로치(Approach)	• 지금까지의 연장선이 아니라 전혀 다른 사업, 상품이나 서비스, 프로세스 등을 만드는 방법으로 디자인싱킹을 가르침
• 분석적 사고를 통한 비즈니스 효율성 극대화 추구 – 과거의 성공 중심, 케이스 중심 문제해결 – 분석 및 통합적 접근법	• 창조적 사고를 통한 새로운 아이디어 탐색 및 실현 – 과거 및 미래를 아우르는 종합적 접근법

지금까지 살펴본 것처럼 세계 여러나라의 일류 대학들 및 기업들은 기존의 문제 해결 방식이 한계에 봉착하게 되면서 디자인싱킹의 중요성이 나날이 커지고 있다는 사실을 절실히 느끼고 있다.

디자인싱킹이 부상하게 된 배경은 다음과 같이 요약할 수 있다.[3] 첫째, 기술의 변화 속도 및 지식 기반의 경쟁 체제가 가속화되면서 문제는 더욱 복잡해지고, 때로는 문제 자체를 명확하게 정의하기가 어려울 때가 빈번해지고 있다. 둘째, 기업들은 제품과 서비스를 통해 고객의 기본적인 욕구를 어느 정도 충족시킨 이후에도 고도화되고 숨겨진 고객 욕구를 찾아내 차별적 가치를 제공함으로써 성장 활력을 유지해야 하는 상황에 처해 있다. 셋째, 기술과 산업의 경계가 모호해지고 융 복합이 본격화되면서, 문제 해결을 위해 훨씬 다양한 영역의 전문가들이 머리를 맞대고 다학제간 협업을 통해 해결 방안을 도출하지 않으면 안 되는 상황이 되고 있다.

3_ LG 경제연구원 한수원 연구위원 "Design thinking 창의성을 만들어갈 수 있을까?" 참고

디자인싱킹은 여러 가지 제약 조건을 내포하고 있는 문제 자체를 고객으로부터 도출하고 최종 고객이 경험하게 될 해결책을 찾기 위해 사고하는 프로세스를 가르친다. 따라서 디자인싱킹은 고객 가치와 창의성을 중요시하는 최근의 경영 환경에 매우 적합하다. 전통 비즈니스 스쿨 과정과 디자인싱킹 과정의 차이를 극명하게 보여주는 다음의 그림은 최근 디자인싱킹 기법을 도입하는 기업들이 증가하는 이유를 잘 설명한다.

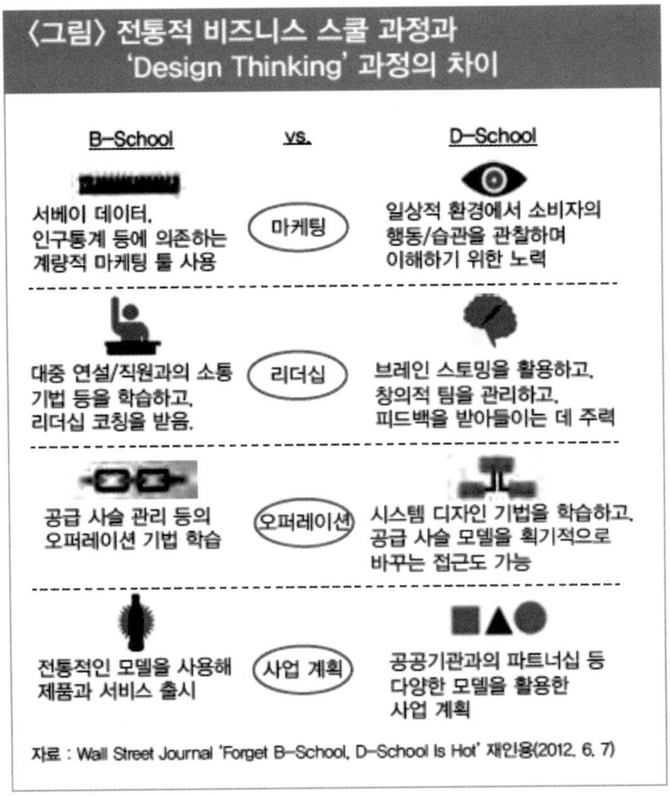

[그림 1.1] 전통적 비즈니스 스쿨 과정과 디자인싱킹 과정의 차이

1.5. 디자인싱킹에 대한 통상적 오해

디자인싱킹이라는 말에서 사람들은 흔히 디자인 또는 디자이너와 관련된 그 무엇을 연상하기 쉽다. 대부분의 사람들에게 이미 친숙한 디자인이란 말을 들으면 사람들은 보통 '예술가(artist)' 혹은 '창조자(creator)'라는 이미지를 떠올리기 때문에 디자인싱킹은 미술을 공부하는 사람에게나 관계가 있지, 보통 사람들과는 아무런 관계가 없다고 생각하기 쉽다. 즉 '예술적 재능이 없거나,' '미적 감각이 없는' 등의 이유로 디자인싱킹에 등을 돌리기 십상이다. 디자인싱킹과 관련하여 "우리 대학 미대에서 그것을 하고 있지만 나하고는 방향이 좀 다르다."는 말을 주위에서 흔히 듣게 되는 것 또한 이 같은 이유에서이다.

디자인싱킹은 디자이너 특유의 사고 방식이나 문제해결방식을 중심으로 디자이너들 사이에서 먼저 통용되기 시작한 용어이기는 하지만, 사실 싱킹 디자인(Thinking Design)을 의미한다. 이는 생각하는 방법과 관련되는 것으로, 우리가 어떤 방식으로 사고하는가에 대해 다루는 것이다. 나아가서는 우리가 생각하는 방식을 어떤 마음가짐을 가지고 임하는가, 즉 마인드세트(mind-set)가 디자인싱킹이고 나아가서 마인드시프트(mind-shift)가 바로 디자인싱킹이다.

미국심리학의 아버지라고 불리는 Harvard대학 심리학 교수였던 William James는 '잘 정의된 문제는 이미 반쯤 풀린 것'이라고 주장 한 바 있다. 이 말은 스티브 잡스가 즐겨 인용한 말이기도 하다. 한편 노벨상을 수상한 아인슈타인은 "만일 내가 어떤 문제를 해결하는 데 20일 간의 시간 여유가 있다고 한다면, 우선 문제정의를 하는 데 19일을 보내고 나머지 하루를 문제해결에 임할 것"이라고 말하기도 했다. 이는 문제를 잘 정의하는 것이 얼마나 중요한지를 일깨워주는 말들이다.

그런데 자기중심의 사고는 진정한 문제를 정의하는데 별 도움이 되지 않는다. 실제로 우리가 잘못 정의된 문제를 해결하느라 얼마나 많은 시간을 보냈는지를 생각하면 깜짝 놀라기도 한다.

디자인싱킹은 자기중심의 사고나 전문가 중심의 사고가 아니라 고객 중심의 사고, 사용자 중심의 사고인데, 모든 문제 발견은 바로 여기에서 부터 나온다. 결국 디자인싱킹은 인간 중심적(Human-cehtered)인 문제 해결 방법이라고 할 수 있다.

디자인싱킹의 특성으로 동일한 사고 프로세스가 거의 모든 분야(기업, 대학, 병원, 정부기관 등)에 적용이 가능하다는 점을 들 수 있다. 그러나 물론 해당되는 조직에 맞게 디자인싱킹 방법을 조절할 필요는 있다. 디자인싱킹 프로세스는 과학적이고 반복 적용이 가능하다. 또 이를 통해서 문제 및 이슈에 대한 통찰력을 얻을 수 있다.

전통적인 방식으로 제품과 서비스를 개발하는 데 익숙한 기업인 경우에도 이와 같은 디자인싱킹을 활용하여 실패 비용을 최소화하면서 고객 중심의 제품 개발과 서비스 계발을 시도해 볼 필요가 있다.

필자들은 2015년 11월 미국 하와이주정부 관광국 주최로 여행업계 관계자들을 대상으로 디자인싱킹을 적용하여 여행 상품과 여행서비스를 개발하는 워크숍을 실시하였다. 그 과정에서 외국에서 온 여행업계 관계자들과 국내 여행업계 관계자들이 팀을 이루어 여행자들이 출국하고 또 입국하는 인천국제공항에 나가 여행자 고객들을 직접 관찰하고 또 인터뷰하였다. 본 과정 종료시 디자인싱킹워크숍 참가자들은 자신이 이 분야에 20여 년 이상 종사해서 여행자들에 대하여 잘 이해하고 있다고 생각했었으나, 막상 출국하는 또 귀국하는 여행자들과 인터뷰를 해보고 나서는 고객을 생각보다 잘 모르고 있었다는 사실을 깊이 깨달았다고 밝혔다. 나아가 고객 중심의 여행 상품개발에 디자인싱킹 접근법이 유용하다는 사실에 크게 공감하였다.

〈디자인싱킹 성공 사례: GE에서 개발한 MRI의 인간화〉

- **프로젝트**: 문제를 해결하는 가장 강력한 방법의 하나는 인간화(humanize)하는 것
- **문제 상황**: 아동 환자들이 병원에서 MRI 촬영시 경험하는 두려움, 불안감 그리고 소음
- **디자인 방향의 변화**: 의료기기 MRI를 아동 환자들이 안심하고 또 재미있게 검사받을 수 있도록 인간중심 모험시리즈로 리디자인
- **결과**: MRI 검사 과정을 아동환자들이 해적선이나 수중탐색선을 타고 모험을 하는 것처럼 바꿈
- **개발자**: GE의 Doug Dietz

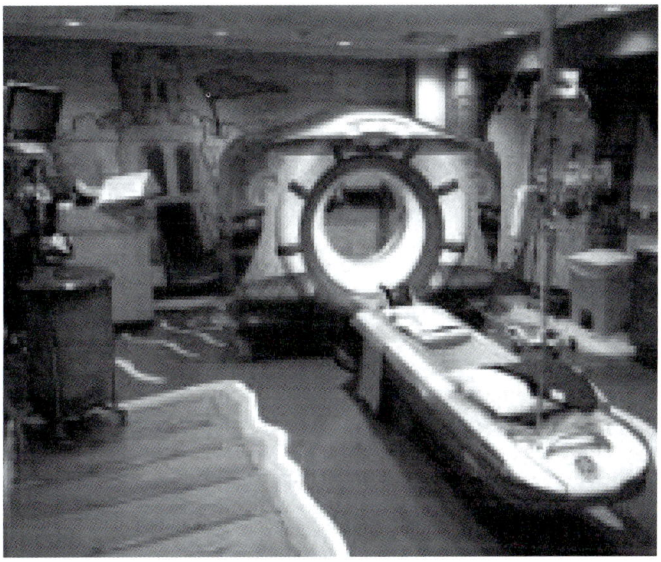

[그림 1.2] 아동 환자를 위한 MRI 디자인

chapter 2

디자인싱킹으로 **사회를 리디자인해 보자**

2.1. 디자인과 디자인싱킹에 대한 소사(小史)

심리학자 브리만 로손(Bryan Lawson)은 사회과학 전공 및 건축학 전공 학생들 두 집단이 문제 해결을 어떻게 하는지, 그 방법에 대한 연구를 실시하였다. 그 결과 사회 과학 전공자들은 문제 자체에 집중하여 결과를 도출하는 반면, 건축학 전공자들은 문제보다 해결책에 집중한다는 사실을 밝혔다.

이러한 해결책 중심의 사고방식은 2000년대 초부터 디자이너 사회를 넘어, 경영자들이 경영상의 문제점을 창의적이고 혁신적으로 해결할 수 있는 방법으로 주목받기 시작하였다.

디자인싱킹 컨설팅 회사인 IDEO의 CEO 팀 브라운은 디자인싱킹에 대해 "사회를 좀 더 좋게 변화시키기 위한 인간 중심의 이노베이션 기법"이라고 설명하고 있다. 다시 말해 디자인싱킹은 "창조적 방법으로 사회에 새로운 가치를 제공하는 것"이라 할 수 있다. 스탠포드대학 d.School의 데비드 켈리(David Kelley)교수는 디자인싱킹은 "창조적 자신감(Creative Confidence)"을 주는 데서 출발한다고 주장하였다. "창조적 자신감"은 스탠포드대학 사회심리학 명예교수인 알버트 밴두라 박사의 연구에서 나왔다. 그는 "뱀, 거미, 쥐"와 같은 혐오동물에 대한 공포증(Phobia)

치료 훈련인 유도숙달(guided mastery)을 통하면 공포증이 제거됨과 동시에 창조성에 대한 자신감을 가진다고 말했다. 데비드 켈리교수는 "디자인은 개인 중심이지만 디자인싱킹을 팀 중심"이라고 주장한다. 켈리는 IDEO를 공동 창업하고 스탠포드 대학에 d.School을 오픈한 창시자 중 한 사람이다. 한편 디자인싱킹이 활발하게 전개되고 있는 스탠포드대학 d.school의 창립에는 막대한 기금을 기부한 독일 SAP 창설자이며 회장인 하소 플라트너(Hasso Plattner)가 결정적 역할을 하였다. 그는 나아가 포츠담(Potsdam) 대학에 HPI 연구소를 통해 유럽에 디자인싱킹 연구소를 만들도록 지원하였다.

이제부터 디자인싱킹의 역사를 살펴보자.

1) 디자인은 고대 알타미라동굴 벽화에서도 발견된다. 이는 디자인이 고대에도 중요한 커뮤니케이션 수단의 하나였음을 보여주는 역사적 증거의 하나이다.

2) 프랑스 루브르박물관에는 디자인을 시각적 커뮤니케이션 수단으로 사용한 여러 가지 작품들이 전시되어 있다. 이것들은 디자인이 오늘날 신문이나 잡지가 하는 역할을 대신하여 인류와 함께 발달해 온 역사를 잘 보여주는 것이다.

3) 현대에 와서 디자인은 시각을 표현하는 그래픽 디자인과 사상을 표현하는 아트이미지 중심으로 발달하였고, 이는 이 분야 발달에 큰 역할을 하였다.

4) 18세기 중엽에 영국에서 시작된 산업 혁명을 계기로, 그 이전까지는 물건을 장인이 직접 손으로 하나씩 만들어 오던 것이 대량 생산 체재로 바뀌게 되었다. 그 결과 생산의 기능성과 효율성은 향상되었지만, 물건이 지닌 아름다움은 그 전보다 떨어지는 결과를 초래하였다. 이에 대한 반발(Anti-these)로 제1차 세계대전 후 독일에서 "조형학교 Bauhaus"가 탄생하세 된다.

5) 바우하우스는 상품 기능을 합리적으로 설계하는 엔지니어링과 미적 요소를 중시하는 예술(Art)을 융합하였다. 바우하우스 조형학파는 산업 혁명 후 세계에 범람하는 추악한 디자인 상품과 차별화되는 물건을 만들고자 하는 움직임을 불러일으킨 셈이다.

6) 바우하우스는 “사람들이 필요해서 생산해야 할 상품을 만든다.”에서 “고객이나 사용자가 필요로 하는 인간 중심이고, 사용하기 쉽고, 나아가 아름다운 디자인을 가진 상품을 대량 생산한다.”를 근본 철학으로 추구하였다.

7) 예술(Art)과 기술(Technology)을 융합한 교육 기관으로서의 바우하우스는 전 세계에 큰 영향을 미쳤지만, 나치정권이 들어서고 약 10년이 지나면서 점차 쇠퇴하기 시작하였다.

8) 바우하우스 멤버 중 한 사람인 모호리 나키(Mohori Naki)가 미국 시카고에 초대받아 1937년에 IIT(Illinois Institute of Technology)에 Illinois School of Design의 초석을 놓았다. 일리노이 디자인 스쿨의 근본 철학은 인간중심의 디자인, 예술(Art)과 기술(Technology)의 융합, 사용자 중심의 디자인이다.

9) d.school 창립 이전에도 스탠포드대학에서는 예술과 공학을 융합하려는 시도가 있었다. 1960년대 말부터 하나의 전공 분야를 학생들에게 가르칠 때 서로 다른 전공의 교수들이 융·복합적으로 가르치는 것에서 더 나아가 이를 배우는 학생들 역시 한 분야 전공자들만이 아니라 서로 다른 전공자들이 함께 배우는 융·복합적 교수 학습 형태를 추구해 왔다.

예를 들어 아놀드(Arnold) 교수는 디자인 공학은 반드시 인간 중심이어야 한다고 강조하였으며(Creative Design with John Arnold and GSB), 1960년대에 바브 맥킴(Bob McKim)(명예 교수, 공학)과 매트 칸(Matt Kahn)(예술)은 생산 디자인 전공을 예술 디자인과 결합해서 대학원 공동 과정을 개설하였다(Product Design Program with Fine Arts Department).

1980~90년대에는 Matt Kahn, Rolf Faste와 David Kelley 등이 예술, 과학 및 니즈파인딩(need finding)를 융합하는 교육을 지속적으로 시행했으나 지금처럼 대학 전체로 확산되지는 않았다. 스탠포드대학 기계공학과와 미술학과 사이의 협업은 지금도 계속되고 있다.

이와 같이 스탠포드대학에서는 동일한 주제에 대해 전공이 서로 다른 교수들이 함께 가르치고 배우는 과정을 통해 서로 다른 관점으로 문제를 바라봄으로써 새로운 문제 발견과 솔루션이 태어나는 것을 가능하게 하였다. 이러한 학습 결과,

기능적 행위와 제조를 다루는 학문인 공학과 문화인류학 및 심리학 등 인문사회과학 간의 융합이 이루어졌다.

이 같은 방법은 실리콘밸리에서 기업하는 사람들에게 영향을 미쳤고, 특히 David Kelley는 d.school이라는 명칭으로 디자인싱킹 스쿨을 탄생시키는 주요 멤버가 되었다. 즉 그는 2000년대 중반부터 자신이 공동 설립자인 디자인싱킹 컨설팅 회사 IDEO와 공동으로 d.school을 오픈하였다. 오늘날 Stanford대학 학생들은 입학 후 2학기 이내에 반드시 d.school 과목을 수강하도록 되어 있고 이들의 창업 마인드 및 벤처정신을 강화시키는 데 디자인싱킹이 폭 넓게 기여하고 있다.

2.2. 디자인과 디자인싱킹이란 무엇을 의미하는가?

우리는 누구나 기존에 있는 방법을 활용해서 눈앞에 놓인 문제를 해결하는 데 익숙하다. 그러나 디자인싱킹 방법을 도입하면 문제 발견과 문제 해결이 좀더 용이하게 될 뿐만 아니라 이노베이션이 일어날 수 있는 기회를 만드는 것 역시 가능하다.

디자인이란 말은 "현상, 즉 현재의 상태를 좀 더 나은 이상적인 상태로 바꾸는 것"을 의미한다. 20세기에 와서 디자인은 주로 제품의 포장이나 광고를 보고 사람들이 어떻게 느끼는가와 미적으로 얼마나 어필하는가와 같은, 비교적 제한된 범위를 주요 대상으로 다루었다. 그러나 오늘날에 와서는 그 범위와 내용이 보다 더 확대되었다.

요컨대 눈에는 보이지 않는 서비스 디자인, 개인을 대상으로 하는 경험 디자인, 일하는 사람들이 모여서 혁신적으로 활동하게 만드는 조직 디자인, 나아가 우리들이 살아가는 사회 디자인 등과 같이 거의 모든 분야가 디자인의 대상이 되었다.

서유럽 기업들은 치열한 경쟁에 대처하는 방안으로 고객친화적이고 좀 더 효율적인 방법으로 디자인싱킹을 적용하고 있다. 즉 스위스의 보험회사인 Swiss Life는 자사의 보수적인 보험판매 직원들이 젊은 "X세대" 고객에게 보험상품을 더 잘 판매하는 데 도움을 주기 위해 디자인싱킹을 활용하고 있다. 영국의 Oxfam은 기부(도네이션)을 더 쉽게하는 방법개발로, 싱가포르 정부는 "노동허가 신청양식"을 기재하기 쉽도록 신청절차의 각 단계를 좀 더 분명하게 나아가 오류가 덜 일어나게 바꾸는 데 디자인싱킹을 적용하였다.

나아가 제3 세계 사람들에게 깨끗한 식수를 공급하는 문제나 조산으로 출산된 저체중에 따른 영아 사망률을 감소시키는 문제 등도 사회적 디자인의 대상이 되고 있다. 또 다른 예로 MRI 기계로 CT 촬영을 할 때, 이 기계에 대한 공포감을 가지는 아동 환자의 두려움을 제거하기 위해 인간 중심의 MRI로 변화시킨 GE의 모험 시리즈 개발은 디자인싱킹이 이룬 큰 성과라 할 수 있다. 이처럼 우리가 더 나은 사회 및 지구촌을 만들기 위해서 노력하는 것 역시 '글로벌 디자인'에 해당한다고 볼 수 있다.

우리가 살아가는 사회가 좀 더 나은 상태로 변화하기 위해서는 문제 발견(what to solve, why to solve)과 문제 해결(how to solve)을 위한 아이디어가 필요하다. 그러나 아이디어는 눈으로 직접 보거나 손으로 만지지 못하는 한계가 있다.

우리가 머릿속으로 생각하는 대다수의 아이디어는(하루에 개인이 생각하는 아이디어는 평균 약 5,000개) 거의 모두 일시적인 공상에 그치고 만다. 따라서 우리는 아이디어를 반드시 형태, 즉 모양으로 만들든지, 만질 수 있거나 볼 수 있는 실체로 바꾸지 않으면 안 된다. 여기서 말하는 형태와 모양에는 물리적 대상으로 바꾸는 것뿐만 아니라 그림, 만화, 스토리 등과 같은 형태로 바꾸는 것도 포함된다.

본 절에서는 아이디어를 발상해서 '형태로 만드는 방법'을 다루고자 한다. 이 같이 하는 목적은 '누구라도 생산적 형태로 사회 디자인에 참여할 수 있게 만드는 것'에 있다. 디자인 방법에는 유일한 해답이란 없다. 왜냐하면 여러 가지 관점에 따라 디자인을 실천하는 방안들이 다수이고, 아이디어를 보는 방법 역시 다양하기 때문이다. 뿐만 아니라 디자인을 실천하는 방법과 아이디어의 질을 높이는 방법 역시 무궁무진하다.

아무리 좋은 아이디어를 발상한다고 하여도 이를 '형태'로 만들 수 없다면 그 아이디어는 실행이 불가능하다. 따라서 말로만 하는 아이디어가 아닌 보여주는(be visual) 아이디어를 발상할 수 있어야 실행 단계로까지 넘어갈 가능성이 커진다.

디자인싱킹은 자연적이고 계발 가능한 인간이 가진 능력에 의지한다. 이 능력이란 직관을 통하여 특정 유형, 즉 패턴을 인식하고, 나아가 실제적인 동시에 정서적으로도 유의미한 아이디어를 도출하는 것을 말한다. 디자인싱킹에서는 공감을 통한 감정 이입과 빠르게 그리고 개략적인 프로토타입(quick and dirt prototype)을 만들어서 신속히 반응, 즉 피드백을 받는 것이 중요하다.

우리는 디자인싱킹을 통해 성공적으로 실시된 프로젝트에는 영감, 통합, 아이디어발상과 시험, 그리고 실행이라는 중요한 요소가 있음을 확인하였다. 아래에서 이들 각 요소를 하나씩 살펴보자.

▶ 영감

영감을 얻으려면 공감을 통한 감정 이입을 하는 것이 중요하다. 자연스런 상태에서 사람들의 행동을 관찰하는 일은 문제를 찾는 데 무엇이 중요한지 이해하도록 해 주며, 이러한 관찰 활동은 영감을 불러일으킨다. 이때 극단적인 사용자(extreme user)나 선도적 사용자(early adopter)를 중심으로 관찰하고 대화, 즉 인터뷰하는 것이 필요하다. 왜냐하면 극단적 사용자의 문제를 해결하면 일반 사용자의 문제는 훨씬 더 쉽게 풀 수 있기 때문이다. 그 예로 디자인싱킹을 헬스케어 분야에 도입한 케이스를 들 수 있다. 즉 처방된 약을 복용하는 것을 항상 망각하는 환자를 위한 "처방약 복용을 잊지 않는 디자인"은 극단적 사용자뿐만 아니라 일반인 환자에게도 유용하다. 나아가 이들이 자기가 가진 문제에 대해 어느 순간에(어떨때) 좌절하는지, 나아가 어떻게 개선할 필요가 있는지에 대한 해답을 주의 깊은 관찰과 인터뷰를 통해 도출할 수도 있다.

▶ 통합

현장에서 충분한 시간을 보낸 연구자는 사용자들의 사용 패턴 인식, 주제 파악, 보고 등을 통해서 수집하고 또 관찰한 모든 것의 의미를 찾아낼 수 있어야 한다. 관찰과 개별 스토리에서 추상적 내용을 실제 문제로 변환시키는 과정에서 공감 지도(Empathy map)를 활용한다. 이를 통해 발견한 내용들을 분석하고 의미를 부여하고 근본원인이나 행동패턴을 찾는다. 나아가 이를 실행 가능하도록 문제 정의로 변환시킨다. 이것이 바로 통찰을 통한 문제 정의에 도달하는 것이다.

▶ 아이디어 발상과 시험

새로운 가능성을 타진하기 위해 빠르고 개략적이지만 사람들이 보고 반응할 수 있을 정도로 초기 모형으로 만들어 제시한다. 이는 아이디어 발상(Ideate)을 통한 프로토타입(Prototyping)을 만드는 것에 해당된다. 여기서 말하는 시험(Test)는 문제를 가진 고객에게 프로토타입에 대한 개인적 의견을 묻는 것을 말한다.

▶ 실행

테스트가 성공적으로 이루어지면 디자인을 다듬어 시장 출시로 이어지는 로드맵을 작성한다. 한편 디자인싱킹 과정에서는 단지 학습을 위해 신제품과 서비스를 출시하고 비즈니스 활동을 벌이기도 한다.

▶ 프레이밍과 리프레이밍

문제를 구체화시키는 것을 프레이밍(Framing)이라 할 수 있다. 또 문제를 이전과는 다르게 정의하는 것은 리프레이밍(Reframing)에 해당한다. 다음에 리프레이밍을 통해서 문제의 어떤 측면에 집중해야 할지 기회를 포착하는 사례를 살펴보자.

기다리는 사람이 너무 많아 대기 시간이 오래 걸리는 대부분의 장소를 예로 살펴보자. 즉 손님이 많아서 긴 줄로 늘어선 식당이나 상점, 또 환자가 많이 기다리는 병원 등이 그 대상이다. 나아가 디즈니랜드, 에버랜드 등 놀이 공원에 가면 흔히 직면하는 긴 대기 행렬에 대한 문제 해결 방안을 탐색하는 경우도 예외가 아니다. 이때 우리는 "어떻게 하면 손님들의 기다리는 시간을 줄일 수 있을까?"라는 문제를 프레이밍할 수 있다. 한편 "어떻게 하면 '기다리는 시간'으로 인식되는 시간을 줄일 수 있을까?"라는 형태로 문제를 리프레이밍한다면 문제 해결책 역시 달라질 수 있다. 지루하다고 느끼는 것을 제거 혹은 감소시키기 위해 비디오 화면에 재미있는 영상물을 제시하거나, 흥미로운 마술과 같은 공연을 대기하는 사람들을 위해서 실시하게 하는 등의 방법을 통해 지루하게 느껴지는 대기 시간 자체를 달리 지각할 수 있도록 만드는 방안이 그 해결책이 될 수 있다.

탁월성을 추구하는 전문가 집단, 사회를 위해서 새로운 가치를 창조하고자 하는 기업가 집단, 그리고 사회를 좀 더 좋게 또 긍정적으로 변화시키고자 하는 혁신가 집단 등, 이들 모두는 이 같은 프로세스에 익숙해지는 것이 필요하다. 이들에게 다음과 같은 경우 디자인싱킹은 도움을 줄 수 있다.

1) 문제의식은 있으나 구체적인 해결책이 보이지 않을 때
2) 신상품이나 새로운 서비스를 만들고 또 계발하고 싶을 때
3) 신규 사업이나 프로젝트를 시작하고 싶을 때
4) "고객들이 우리 회사 제품을 왜 인지하지 못할까?" 등 근본 원인을 몰라서 문제 해결 방법 역시 미지수인 문제(Big unknown problem)를 해결하고자 할 때

디자인싱킹이 보다 잘 작동하는 문제들은 '잘 정의되지 않는 문제', 즉 초기에 문제 자체가 무엇인지 잘 모르는 경우가 해당된다. 왜냐하면 디자인싱킹은 '우리가 알지 못하는 것을 찾아가는 흥미로운 탐색 여정'으로, 진짜 문제를 찾는 것으로 부터 시작하기 때문이다.

요컨대, 디자인싱킹은 문제 자체를 찾아내고, 틀에 박힌 사고로부터 벗어나서 혁신적인 해결책이 필요할 때 효과적으로 적용할 수 있다. 또한 다양한 관점과 여러 수준의 이해 관계자(stakeholder)가 긴밀히 협업해야 할 때, 제품이나 서비스, 시민이 대상인 사회적 이슈 등에 대해 사용자, 즉 수혜자 중심의 혁신이 필요할 때 특히 효과적이다.

우리는 이 장에서 사회를 바람직하게 디자인하고자 하는 목적에 대해 다루고

있다. 이를 위해서 디자인싱킹의 필요성 및 특성 등을 살펴보기로 한다.

디자인싱킹이 필요하게 된 시대적 배경 : 왜 필요한가?

디자인싱킹이 대두하게 된 배경은 인류가 과거 250년간 경험한 2가지 사회적 이노베이션과 깊은 관계가 있다.

1) 첫 번째 이노베이션은 18세기 후반에 일어났다. 영국의 와트(James Watt)가 새로운 방식의 증기 기관을 발명하면서부터 본격적으로 시작된 산업혁명이 바로 그것이다. 와트 이전에도 '증기로 기계를 움직인다.'라는 아이디어는 존재했지만 그것을 실용화시키지는 못하였다. 와트는 이 아이디어를 실용 단계로 발전시키는 이노베이션을 이룩하여 산업 시대를 열었던 것이다.

2) 두 번째 이노베이션은 19세기 후반에 일어났다. 이것은 테일러(Frederick Taylor)가 주창한 과학적 관리법(Scientific management)에 의해 처음으로 대두한 생산성 혁명이다. 테일러는 당시 일류 노동자, 직공 또는 예술인 등을 보통 사람들과 구분하기 위해서 다음과 같은 질문을 제기하였다. "일류 노동자와 평균적인 노동자들 간에는 무엇이 어떻게 다른가?" 여기에 대한 해답을 처음으로 찾은 사람이 바로 테일러였다. 테일러는 최고 수준의 노동자가 일하는 방식을 관찰하고 그가 하는 동작을 스톱워치를 이용하여 측정하면서 어떤 순서로 어느 정도의 작업 동작을 어떤 방식으로 하면 노동 생산성이 올라가는지 연구하기 시작한 것이다. 테일러는 연구를 통해 자신이 알게 된 방법을 사람들이 따라하면, 일반 노동자도 일류 노동자처럼 높은 생산성을 달성할 수 있다고 주장하였다.

위에서 제시한 두 개의 큰 물결은 인류가 산업 사회로 진입하는 데 큰 기여를 하였다. 대량 생산이 미덕이었던 산업 사회는 20세기 후반으로 접어들면서 정보 사회로 바뀌었다. 정보 사회는 창조력과 이노베이션 역량으로 무장한 지식 노동자들이 주역이 되는 지식 사회로 접어든 것을 의미한다. 이러한 시대상황속에서 '어떻게 하면 지식 노동자로 하여금 창조력을 발휘하게 하면서 팀 중심의 협업을 통해 이노베이션을 추구하게 할 것인가'에 대한 문제가 제기되었고, 이 해결책의 하나로 디자인싱킹이 대두하게 된 것이다.

디자인싱킹 : 인간 중심의 이노베이션을 실행하는 도구

지난 몇 세기를 지나오면서 인류는 기술이나 일하는 방식에 대해 뛰어난 아이디어를 내고 또 이를 실행함으로써 사회적 이노베이션을 일으키게 되었다. 즉 우리가 사는 현 사회는 수백 년을 걸치면서 점차 풍요롭게 된 것이다. 그럼에도 불구하고, 아직도 세계에는 환경 문제나 빈곤 문제 등 미해결된 문제들이 산적해 있다. 게다가 기계나 일 중심의 이노베이션만 가지고는 이 세상을 현재 상태 이상의 보다 발전된 형태로 만드는 것은 어렵다.

문제를 발견하고 또 그것을 해결하는 주체는 기계가 아니라 바로 인간이다. 앞으로 사회를 좀 더 살기 좋게 만드는 데 필요한 것은 우리들의 생각 그 자체에 대해서 이노베이션을 하는 것이다. 따라서 〈인간 중심의 발상으로 이노베이션을 하면서, 사회에 새로운 가치를 제공하는 것〉이야 말로 디자인싱킹이 추구하는 궁극적 목적에 해당된다.

디자인싱킹은 우리가 통상적인 고정 관념으로부터 벗어나서 사고하는 것[4]을 의미한다. 따라서 디자인싱킹 과정에 필요한 것은 통합적 사고에 기초하여 주어진 문제를 다르게 볼 수 있는 능력이다. 디자인싱킹은 주어진 상황을 다르게 보고 현존하는 해결법을 뛰어넘는 새로운 해결책을 모색하도록 요구한다. 이것이 디자인싱킹이 혁신을 실행하는 데 유용한 사고의 툴(Tool)이 되는 이유이다. 위의 그림은 문제를 볼 때 가끔은 거꾸러 보는 것도 필요하다는 사실을 강조한다.

2.3. 디자인싱킹의 공통적 특징

세계 각국의 유수한 대학 및 글로벌 기업들이 실시하고 있는 디자인싱킹의 공통적 특징에는 다음과 같은 몇 가지가 있다. 그 특징을 간추려 보면 1) 고객 중심주의(인간 중심 디자인), 2) 신속하고 개략적인 프로토타입 제작과 즉시적인 피드백을 통한 수정, 3) 빠른 초기 실패와 잦은 실패 경험을 통한 학습 추구, 그리고 4) 창조적 자신감의 강조 등이 있다. 이상과 같은 공통적 특징은 디자인싱킹을 적용하는 혁신 프로세스에 반드시 필요한 요소로, 아래에서 이를 구체적으로 살펴보기로 한다.

▶ 고객 중심주의(Human Centered Design)

고객 중심주의는 인간 중심 접근법으로, 고객 및 사용자에 대한 공감 및 감정이입을 통하여 문제 해결의 단서를 찾는 것을 말한다. 고객이 무엇을 원하고 필요로 하는지를 고객이 있는 현장에 가서 고객을 관찰하고, 인터뷰하며 나아가 고객의 입장이 되어 직접 체험한다. 이처럼 공감을 통한 문제 발견 및 문제정의를 하는 것이야말로 인간 중심 접근법으로 디자인싱킹에서 중요하게 여기는 가치 중 하나이다.

4_ Design Thinking is thinking out of the box

디자인싱킹 프로세스에서 반복적으로 강조되는 것은 사용자에 대한 철저한 감정 이입이다. 사용자가 무엇을 원하고 필요로 하는지 알아보기 위해 이들이 있는 현장, 즉 근무처나 살고있는 집에 가서 이들을 직접 관찰하고 인터뷰를 실시한다. 이때 고객이 사용자가 되기 때문에 이들이 겪는 불편한 요소를 직접 체험하고, 여기에 대한 해결 방안을 제시하는 것이 중요하다.

신체 활동력이 떨어지는 노인들의 문제를 체험하기 위하여 스스로 시력을 떨어뜨리는 고글 안경을 쓰고, 몸의 움직임을 불편하게 만드는 장치들을 착용하고, 노인에게 불편한 일상 환경을 직접 체험해 봄으로써 노인이나 몸이 불편한 사람들이 겪는 일상을 직접 스스로 체득한 유명한 사례가 있다. 이를 체험한 사람은 바로 디자이너였던 패트리셔 무어로, 그녀는 26살 때 85세 노인으로 분장하고 2년간 미국과 캐나다의 100여개 도시에서 신체적으로 불편한 사람이나 노인들이 일상에서 겪는 일들을 실제로 체험하였다. 그녀는 이러한 경험을 통해 인간 중심의 디자인에 집중하는 Universal Design이란 회사를 설립하는 감동적인 스토리를 남긴다.

▶ 신속한 프로토타입 만들기와 수정의 반복(Quick and Dirt Prototype)

IDEO의 CEO인 Tim Brown은 프로토타입 제작의 목적이 프로젝트를 끝내는 것이 아니라고 강조한다. 그 대신 해당 아이디어의 강점과 약점을 배우고, 개선을 위한 새로운 방향성을 설정하기 위한 과정이라고 말한다. 프로토타입을 만드는 것은 주변에서 얻기 쉬운 재료, 예컨대 라면 상자나 A4용지 또는 신문지 등을 활용하여 저렴한 비용으로 개략적으로나마 신속하게 만들어 문제에 대한 해법의 가능성을 보여 주고, 나아가 개선 혹은 수정을 하는 것이 목적이다.

성공적인 스타트업의 소신을 세시한 '린 스타트업(Lean Startup)'의 저자 에릭 리스(Eric Ries)는 부가적인 부분 없이 최소한의 핵심적인 기능만 구현한 제품(Minimum Viable Product)을 신속히 개발해 사용자의 반응을 보고, 이에 따라 필요한 수정이나 개선 작업을 진행하는 "만들고-측정하고-학습하는 피드백 고리(Build-Measure-Learn Feedback loop)"를 할 것을 강조한다. 그의 말에 따르면 중요한 것은 신속하게 또 개략적인 프로토타입을 만드는 것(rapid and rough prototyping)이다. 그는 고객을 대상으로 하는 신속한 시험과 피드백(설문 조사가 아님)을 통하여 지속적으로 학습하는 것이 중요하다고 덧붙인다.

한편 사용자가 원하는 제품 개념을 초기에 저비용으로 설계·제작해 봄으로써 실제 기능과 정밀한 형상을 가진 시제품을 제작할 때의 실패 비용을 최소화할 수 있다. 철저한 사전 준비 후 상당한 수준의 정밀도를 가진 프로토타입을 처음부터 제작하는 것보다 가능한 빨리 아이디어를 실행으로 옮겨 반복적으로 수정을 하는 것이 문제해결에 더욱 효과적이다.

▶ 빠른 초기 실패 및 잦은 실패 경험을 통한 학습 추구(Fail early and often)

"천재들은 다만 더 많이 시도했을 뿐이다."[5]라고 에디슨(Thomas Edison)은 말했다. 그는 전구를 발명할 때 10,000번의 실패를 한 경험을 10,000번의 작동하지 않는 방법을 발견한 것이라 말한 바 있다. 혁신적으로 생각하는 사람들은 주저 없는 실행을 통해 경험의 데이터베이스를 만들고, 이것에 의지해 보다 더 현명한 선택을 하는 경향이 있다. 왜냐하면 약점은 일찍 발견할수록 더 빨리 고칠 수 있기 때문이다. 따라서 이른 실패는 오히려 혁신을 성공시키는 매우 중요한 요인으로 작용한다.

이와 같이 실패를 실패로 보는 대신 도전으로 보고, 나아가 잦은 실패를 장려할 수 있는 마음가짐이야말로 디자인싱킹을 이룩하는 데 큰 도움이 된다. 왜냐하면 디자인싱킹은 실패를 용인하고 오히려 그것으로부터 배우는 태도를 강조한다. 디자인싱킹이란 행함으로서 학습하는 것이기 때문이다. 실제로 디자인싱킹은 생각은 적게 하고 행동을 더 많이 하도록 요구한다(bias toward action).

스탠포드 대학의 d.school에서는 프로토타입 제작의 목적 중 하나를 "빨리, 저렴하게, 자주 실패를 하기 위함"이라 하는데, 이는 최소한의 자원을 투입해서 아이디어를 테스트해 보고 실패를 통해 개선이 필요한 요인들을 발견하는 데 그 의

5_ http://www.youtube.com/watch?v=16p9YRF0l-g

미를 두기 때문이다.

실패를 성공의 어머니로 만들기 위해서는 실패로부터 배우려는 자세를 갖는 것이 필요하다. 실패로부터 배우기 위해서는 먼저 실패를 인정할 수 있어야 한다. 실수나 실패를 시인하는 것은 앞으로 나아갈 수 있는 디딤돌이 된다. 놓친 기회와 실패에 대한 이야기는 배움을 위한 보고가 될 수 있다. Stanford대학의 티나 셀리그(Tina Seelig)가 학생들에게 실패 이력서를 쓰도록 하는 것도 이와 동일한 맥락이다. 그는 학생들에게 자신이 겪은 가장 큰 실패와 실수를 상세히 담은 실패 이력서를 쓰도록 한다. 그 이유는 학생들이 자신들의 경험을 실패라는 렌즈를 통해 들여다봄으로써 스스로 저질러 온 실수들과 화해를 할 수 있게 된다고 여기기 때문이다.

인생 여정이나 제품 개발 과정의 초기 단계에서 실패는 필수적이라고 할 수 있다. 문제와 해결 영역의 한계를 찾기 위해 신속하게 개략적으로 만든 프로토타입을 부수고 다시 만들어, 사용자의 경험을 시험해 보는 것은 반드시 필요하다. 왜냐하면 이러한 방법으로 실험을 수행하여 "이해-창조-학습"이라는 반복적 연결고리(루프)로 좋은 결과를 얻는 것이 실패 그 자체보다 더욱 중요하기 때문이다.

▶ 창조적 자신감

디자인싱킹은 성장 마인드세트를 가지도록 주문한다. 성장 마인드세트라는 것은 고정 마인드세트와 달리 자신이 가진 진정한 잠재력은 아무도 모르기 때문에 열정과 노력 그리고 훈련 및 경험을 통하면 자신의 능력치를 현재보다 훨씬 더 신장할 수 있을 것이라는 믿음을 갖는 것을 말한다.

스탠포드대학 사회심리학 명예교수인 밴두라(Albert Bandura)의 '뱀 공포증 치료' 사례는 경험의 힘을 이용하면 잘못된 믿음을 제거할 수 있음을 보여 준다. 그는 사람들이 직면하는 커다란 공포를 좀 더 작고 감당할 만한 수준의 단계로 나누어 공포를 점진적으로 해소해나가는 유도 숙달(guided mastery) 방법을 사용함으로써 뱀이나 거미와 같은 혐오 동물에 대한 공포증을 극복할 수 있도록 하였다. 밴두라는 유도 숙달을 통해 공포증을 극복한 사람들과 인터뷰를 실시하고, 이들이 한 가지 두려움을 극복한 결과, 다른 것에 대한 두려움도 함께 극복시켜서 그 이후로 무엇이든 할 수 있다는 자신감이 높아졌음을 확인하고, 이를 자기 효능감(self efficacy)이라 이름 붙였다.

유도 숙달은 일련의 '작지만 성공적인 경험들'의 체득이다. 이를 통해 자기효능감(self efficacy)을 높일 수 있다. 자기 효능감은 새롭고 어려운 과업을 직면해도 해낼수 있다고 믿는 신념을 말한다. 디자인싱킹의 기본 전제는 인간의 근본을 연구하는 사회심리학적 바탕에 기반을 두고 사람들의 잠재적 능력을 일깨워서 창조적 자신감을 가지는 데 있다.

초기의 실패, 잦은 실패를 경험함으로써 창조적 자신감을 배양하는 것은 d.school에서 프로토타입을 활용하는 목적 중 하나이다. Stanford대학의 밥 서튼 교수는 "실패하면 기분이 나쁘겠지만, 그러나 실패야 말로 우리를 가르치는 교훈이다."라고 말한 바 있다. 실패는 길을 잃고 잠시 헤매는 것과 같다. 그러나 그렇게 헤매더라도 우리는 곧 길을 찾아낸다.

한편 실패에 대한 초기의 두려움을 극복하고 창조적 자신감을 얻었다 할지라도 자신을 확장시키는 노력을 하는 것이 또한 중요하다. 창조적 자신감을 갖기 위한 선행조건 중 하나가 자신의 능력치는 미리 정해져 있는 게 아니라고 믿는 믿음, 즉 성장 마인드세트를 갖는 것이다. 창조적 능력 또한 연습을 통해 강화 할 수 있다.

이처럼 문제 해결에 자신감을 갖게 해 주는 창조적 자신감이야 말로 디자인싱킹의 가장 중요한 토대가 된다. 참고로 창조적으로 생각하는 사람은 답이 없는 개방형 질문과 마주했을 때 바로 결론을 내리려 하지 않는다. 질문과 마주했을 때 맨 처음 떠올린 답은 일단 제쳐두는 것이 창의적 사고를 위한 연습방법으로 필수적이다. 왜냐하면 맨 처음 떠오른 답은 분명히 판에 박힌 답일 가능성이 크기 때문이다. 이때 새롭게 떠오른 아이디어 중 맨 처음에 떠오른 것보다 더 좋은 게 있는지 스스로에게 질문하는 것이 도움이 된다.

포츠담대학에서 디자인싱킹센터 HPI(Hasso Plattner Institut)와 스탠포드대학이 지원 및 운영하는 d.School에서 활용하는 디자인싱킹 원리를 Plattner, Meinel 그리고 Leifer는 공동 저서 『디자인싱킹: 이해-개선-적용』(2011)에서 다음과 같이 기술하고 있다.[6]

1) 인간 중심 원리

모든 디자인 행위는 궁극적으로는 사회적 성격을 띠고 있다. 인간 중심적 관점은 인간의 욕구를 충족시키고 인간적 요소를 인정하는 것을 말한다.

2) 모호성 원리

디자인싱킹은 모호성을 유지해야 한다. 혁신은 종종 우리의 지식, 사건을 통제하는 우리의 능력의 한계에서 사물을 다르게 볼 수 있도록 만드는 자유 영혼과 실험 정신을 요구한다. 왜냐하면 경계가 모호한 문제에서 이노베이션이 더 잘 이루어질 수 있기 때문이다.

3) 재설계 원리

모든 디자인은 리디자인(Redesign)이 될 수 있다. 우리가 만족시키고자 하는 인간의 욕구는 이미 우리 주위에서 수천 년 동안 계속해서 존재해왔다. 이 같은 인간의 욕구를 기존에는 어떻게 다뤄져 왔는지를 살펴봄으로써 미래의 사회적·기술적 조건들을 보다 잘 예측하도록 만들 수 있다.

4) 유형의 원리

디자인싱킹에서는 시각적(visual)이고 촉각적(tactile)인 도구를 활용하는 의사소통을 중요시한다. 아이디어를 만질 수 있고 볼 수 있는 형태로 만드는 것은 소통을 더욱 용이하게 한다. 프로토타입은 소통을 촉진시킨다. 보통 프로토타입을 '생각하기 위해서 만드는 것(build to think)'이라고 하거나, '손으로 하는 사고(thinking by hands)'라 하는 것은 바로 이 같은 이유때문이다. 냅킨 스케치와 같은 레스토랑에서 사용하는 냅킨에 떠오르는 생각을 즉석에서 기록하는 동작은 GE의 전회장 잭웰치처럼 엄청난 조직 변혁 아이디어를 낳았다. 이처럼 현장에서 얻을 수 있는 종이나 냅킨에 스케치하거나 메모하는 것은 어떤 시각적 결과물을 가지고 오

6 Design Thinking: Understand–Improve–Apply, Plattner, H., Meinel C., & Leifer, L., Springer 2011.

기 때문에, 문제 해결 과정에서 구성원들의 참여도를 크게 높이고 실행 가능한 전략을 효과적으로 도출할 수 있다.

2.4. 디자인싱킹은 마인드세트(mind-set)이다

앞서 언급한 바와 같이 디자인싱킹은 일련의 마음가짐(mind-set)이다. 디자인싱킹에서 강조하는 기본 자세는 인간 중심 태도, 협업을 중시하는 마음, 낙천적 태도, 그리고 실험 정신 등이다. 마인드세트의 요소들은 게임하듯 즐기기, 비판 금지, 초기에 자주 실패하기, 말하지 말고 보여 주기, 인간 중심 가치에 집중하기, 명확하게 하기, 실험을 환영하기, 행동 우선, 무조건 협업, 과정 중시, 열린 마음, 사용자에 대한 공감, 놀이처럼 즐겁게, 축하하기 그리고 각자의 의견 존중 등과 같은 것들을 포함하고 있다.

나아가 디자인싱킹은 마인드 시프트(mind-shift)이다. 즉 전문가 중심의 사고에서 고객/유저 중심 사고로 이동하여 실시하는 공감 및 문제 발견, 실수를 용인하는 프로토타입, 개인 중심에서 팀 중심의 아이디어 발상 등이 기존 마인드가 새로운 마인드로 이동하는 마인드 시프트에 해당된다.

아래에서 스탠포드대학 d.school에서 통상적으로 강조하는 디자인싱킹 마인드세트를 구성하는 각각의 요소들을 구체적으로 살펴보자.[7]

1) 인간 가치에 초점을 맞출 것

디자인의 수혜자인 고객을 대상으로 관찰하고 또 이들과 공감하면서 피드백을 받는 것이 고객이 가진 진정한 문제를 찾아내고 해결하는 접근법이라 할 수 있다. 결국 우리가 디자인을 해 주고 피드백을 받는 사람들과 공감하는 것이야

7_ https://dschool.stanford.edu/groups/k12/wiki/cc09d/Summer_Workshop_2013.html d.school bootcamp bootleg

말로 고객을 위해 좋은 디자인을 하기 위한 기본인 것이다.

2) 말로 설명하지 말고 실제 경험으로 보여 줄 것

문제를 가진 고객이나 사용자가 실제로 경험하게 하고 또 대상을 구체적으로 볼 수 있도록 하는 것이다. 이를 위해 우리는 문제를 그림으로 예시하거나 스토리텔링 등을 통해 들려줌으로써 효과적이고 의미 있는 방법으로 소통할 수 있다.

3) 실험을 환영할 것(embrace experimentation)

가능하면 실험을 많이 하는 것이 좋다. 프로토타이핑이란 자신의 아이디어를 증명하는 것뿐만 아니라, 혁신 프로세스를 통합하는 것도 포함한다. 이처럼 직접 무언가를 해보거나 만드는 등과 같이 실험을 실제로 해 보는 것은 생각하고 학습하기 위함이다.

4) 프로세스를 항상 유념할 것

지금 하는 활동이 디자인싱킹 과정상 어떤 단계에 있는지 또 다음 단계에서 해야 할 일이 무엇인지 등을 파악해야 한다. 나아가 각 단계에서 사용하는 방법과 목표가 무엇인지도 알고 과정에 임해야 한다.

5) 명료화할 것

뒤얽혀 있는 복잡한 문제들로부터 벗어나서 해결 방안을 찾기 위해서는 일관성 있는 비전을 만들어야 한다. 이를 위해서 다른 사람들로부터 영감을 얻고 그들의 상상력을 자극하는 방법을 구조화시키는 것이 바람직하다. 이때 '누구를 위하여 디자인하는가?'(즉 사용자는 누구인가?), '무엇을 가르치는가?', '무엇을 실제로 시도하려고 하는가?'(디자인 과정은 어떤가?), '이를 언제 할 것인가?', '프로토타입을 어떤 내용과 어떤 과정으로 만들 것인가?', '누구와 협업할 것인가?' 등과 같은 구체적인 질문을 제기하면서 각각에 대한 해답을 명확히 하는 것이 도움이 된다.

6) 무조건 협업할 것(radical collaboration)

서로 다른 다양한 전공 분야를 배경으로 가진 사람들, 또 서로 다른 관점을 가진 혁신적으로 사고하는 사람들과 협업하는 것이 절대적으로 필요하다. 왜냐하면 우리는 이 같은 다양성으로부터 놀랄 만한 통찰을 얻을 수 있고, 또 해법을 위한 돌파구를 찾을 수 있기 때문이다.

7) 행동에 우선 순위를 둘 것(bias toward action)

좋은 생각이 나면 즉시 실행에 옮긴다. 사실 어떻게 보면 '디자인싱킹'이란 표현은 부적절한 명칭이다. 왜냐하면 디자인싱킹은 생각보다 행동이 더욱 중요하기 때문이다. 디자인싱킹은 생각하는 것보다 실제 행동으로 옮기는 것이 중요하다. 왜냐하면 우리는 생각하고, 회의하고 논의하는 것보다 직접 해 보고 만들어 보고 실패하는 것을 통해서 발전할 수 있기 때문이다.

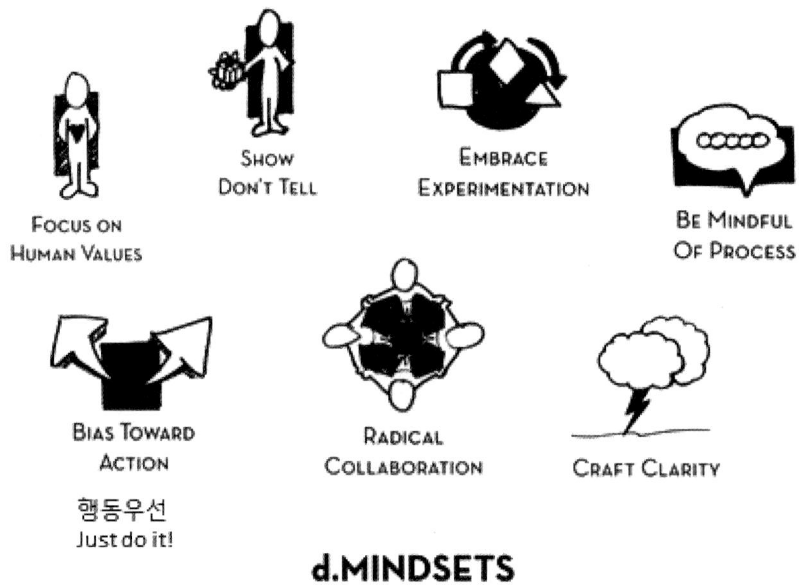

https://dschool.stanford.edu/groups/k12/wiki/cc09d/Summer_Workshop_2013.html

[그림 2.1] 디자인싱킹을 위한 마인드세트

스탠포드대학 교수인 페퍼(Pfeffer)와 서튼(Sutton)은 『앎과 행함 간의 간극(knowing-doing gap)』이란 저서에서 알고는 있지만 실천을 하지 못해 실패한 기업을 소개하였다. 대표적인 사례인 이스트만 코닥(Eastman Kodak)은 사진의 미래는 디지털임을 머리로는 이해하고 있었으나 실행으로 잇지 못해서 자사가 1975년 디지털 카메라 제작 선발주자라는 장점을 살리지 못하고, 결국 일본 기업들에 뒤처지고 말았다. 코닥(Kodak)은 정보 부족 때문이 아니라 통찰을 효과적인 행동으로 전환시키려는 노력의 결핍, 즉 '앎과 행함 간의 간극'에 의한 '망설임'으로 말미암아 혁신을 할 수 있는 기회를 놓쳤고, 그 결과 과거의 위상을 회복하지 못하여 쇠락하고 말았다.

d.school의 임원 교육 프로그램을 담당하면서 자신이 이노베이터인 클리반(Klebahn)이 기업 임원들에게 강조하는 말이 있다. "준비를 갖추지 말라. 일단 시작하라! 실패를 두려워하지 말고 시도하지 않는 것을 두려워하라."라고 주창하였다. 이는 실천이야말로 그 무엇보다 중요하다는 사실을 강조하는 것이다.

노르웨이 NTNU대학 교수인 슈타인어트(Steinert)는 디자인싱킹 마인드세트(mind-set)의 특징에 대해 다음과 같이 언급하고 있다.[8]

- 이는 과학적인 면보다 경험으로부터 배우는 예술적인 성격이 더 강하다. 따라서 허버트 시몬(Herbert Simon)보다 도널드 쉔(Donald Schoen)에 가깝다.
- 분석중심이라기 보다 행동 중심적인 면이 강하다. 즉 행한 뒤 피드백을 받아 필요할 때 수시로 개선한다.
- 스스로 배우는 면이 강하다. 즉 실제로 해 보고 개선을 통하여 학습한다.
- 사전에 기획하기보다는 문제에 따라 적응하고 또 움직인다.
- 정교한 실물 크기 시작품보다는 학습 목적의 개략적인 시자품을 만들어 보는 것이 중요하다.
- 과정을 측정하기보다는 공감하기가 더 중요하다.

8_ M. Steinert, NTNU, Yeungnam University, seminar, 2015, April.

Steinert교수는 모호함 속에서도 행동하는 것이 마치 아는 것처럼 가정하는 확실함보다 더 중요하다고 강조하고 있다. 나아가 너무 과도한 기획은 오히려 위험하다고 말한다. 이는, 상세하게 기획하고 실행하는 프로젝트보다는 적절히 기획하고 시행하면서 수정·개선하는 프로젝트가 성공할 확률이 높다는 사실을 말한다. 결론적으로 디자인싱킹은 제품과 서비스 계발의 전 과정을 직접 실행해보고 개선하는 '행동을 통한 학습'을 중요시한다.

토론토대학 로트만 비즈니스 스쿨 로져 마틴(Roger Martin) 교수는 다음과 같이 주장한다. "디자인싱킹은 분석적 사고의 숙련성과 직관적 사고의 창조성이 역동적으로 균형을 이루는 통합적 사고이다.[9] 따라서 어떻게 만드는가(how to make)와 무엇을 왜 만들어야 하는가(what/why to make) 사이의 균형을 찾는 과정이야말로 디자인싱킹이다." 제품과 시스템의 기능을 개선하는 데는 기술과 비즈니스 모델이 필요하다. 여기에 추가해서 개인의 살아가는 방식(Lifestyle)과 개인들 간의 상호작용까지 고려하는 것이 디자인싱킹인 것이다.[10] 국내에도 초대받아 워크숍을 한 적이 있는 마틴교수는 분석적 사고를 선호하는 조직들은 미래에 대한 준비가 부족하다고 강조한다. 왜냐하면 분석적 사고는 "과거 중심, 데이터 중심, 그리고 사례 중심"이기 때문에 예측이 불가능할 만큼 급변하는 미래를 대비하는 데 부족하기 때문이다. 직관적 사고는 과거 중심 사고인 분석적 사고와는 다르다. 이는 일어날 가능성이 있는 미래에 관점을 두고 행동을 결정한다. 따라서 디자인싱킹은 지금까지 해오던 익숙한 과거중심 분석적 사고를 통해 효율성과 효과성을 유지하면서 앞으로 다가올 미래를 준비하는 직관적 사고 사이의 균형을 취하도록 한다.

요컨대 디자인싱킹은 "실현 가능성(비즈니스), 실용성(기술), 바람직함(인간성)이라는 3가지 영역의 교집합을 찾으면서 고객의 진정한 필요와 욕구를 전제로 하는 마인드 세트"를 그 기본 바탕으로 삼는다. 특히 문제 발견의 어려움이나 모순이 있는 문제 등을 해결하는 데 디자인싱킹을 적용할 수 있다. 그러나 그 무엇보다

9_ Roger Martin(University of Toronto) in "Design of Business "

10_ Jan Schmiedgen, Innovation Facilitator at Hasso Plattner Institute

명심해야 할 점은 그 기본 바탕에는 사람에 대한 이해가 반드시 전제로 되어 있다는 사실이다.

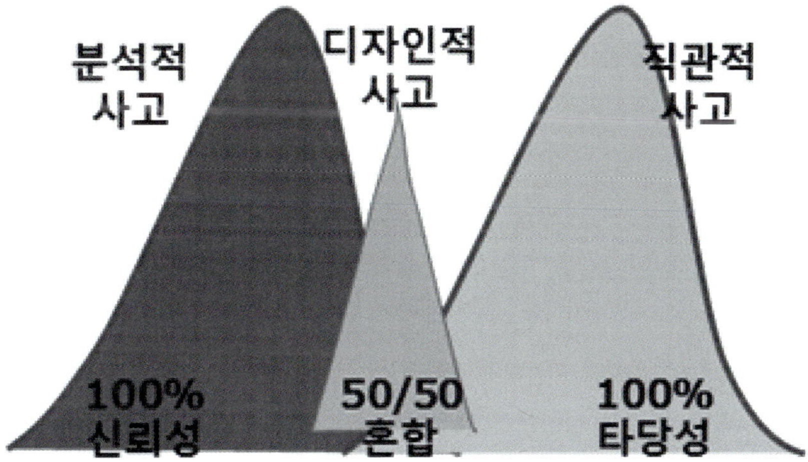

[그림 2.2] 디자인싱킹: 분석적 사고와 직관적 사고의 균형

2.5. 디자인싱킹 실천을 위한 환경

디자인싱킹 프로젝트가 성공하기 위해 그리고 최적화된 환경이 어떤 것인지를 파악하기 위해 우선 사람들의 팀 구성과 공간 구성을 중심으로 살펴 보자.

디자인싱킹 팀 구성

디자인싱킹은 "팀" 단위의 무조건적 협력을 강조한다. 따라서 팀을 어떻게 구성하느냐가 대단히 중요하다. 왜냐하면 놀랄 만한 통찰이나 문제 해결을 위한 돌파구는 다양성으로부터 나오기 때문이다.

디자인싱킹을 실천하기 위한 팀은 다양한 전공을 가진 사람들, 서로 다른 문화 및 배경 그리고 서로 다른 관점을 가진 사람들로 구성하는 것이 좋다. 팀 기반 디자인싱킹 활동에는 별도의 팀 리더 없이 역할과 책임을 팀원 각자에게 고루 분산하여 수평적 관계에 기초한 팀워크를 형성해야 한다. 이때 팀 규모는 5~6명 정도의 소집단으로 구성하는 것이 좋다.

디자인싱킹 팀에 이상적인 구성원은 소위 말하는 T자형 인재가 적합하다. T자형 인재란 자신의 전공 분야에 정통하면서 인접 분야에 대한 폭넓은 이해를 하고 있고 나아가 훌륭한 의사소통 기술과 열린 마음을 갖춘 사람을 말한다.

디자인싱킹 공간

디자인싱킹 프로젝트를 효과적으로 수행하기 위해서는 특별한 공간을 마련하는 것이 필요하다.

디자인싱킹을 실행하기 위한 공간은 자유로운 분위기뿐만 아니라 즉각적으로 협업이 가능해야 한다. 따라서 고정된 책상, 의자보다 모든 교육 보조재에 바퀴가 부착되어 자유롭게 이동이 가능하도록 하는 것이 좋다. 특히 열린 공간, 움직일 수 있는 교보재, 지정된 팀 공간, 지정된 강단, 발표 장소, 놀이할 수 있는 공간, 개인적으로 활용할 수 있는 공간 등이 필요하다. 나아가 비공식 회의 공간, 자유롭게 기록이 가능한 벽, 프로토타이핑을 위한 손쉬운 재료와 완구, 제작 공간, 음악 등도 필요하다.

IDEO사는 자체의 '프로젝트실'에 그동안 축적된 연구 자료와 사진, 스토리보드, 모형 등을 모두 비치해 놓고 있어, 필요할 때마다 활용이 가능하다. 이런 공간은 팀원들 간의 활발한 협력을 도모하고 외부 파트너와 고객 기업들과의 원활한 의사소통을 지원하는 기능을 함으로써 디자인싱킹 팀이 전체적 생산성을 향상시키는 효과를 가지고 온다.

스위스 St. Gallen대학, 스탠포드대학 d.school, 싱가포르 폴리텍(Singapore Polytechnic)대학, 대만국립대학교 D.School, 가나자와공업대학 등 디자인싱킹을 가르치고 있는 많은 대학들은 자유로이 과제 수행을 할 수 있는 디자인싱킹 공간을 구비해 놓고 있다.

스탠포드대 d.school의 Doorley와 Witthoft는 『공간 만들기(Make Space)(2012)』란 책을 통해 디자인싱킹 공간을 마련할 때 유의할 사항을 다음과 같이 강조하고 있다.[11]

- 사람들을 서로 근접하도록 하되 너무 가깝게 묶지는 말 것. 각자 책상은 있지만 칸막이가 없는 개방된 공간이 바람직함.
- 소음을 줄이도록 고려할 것.
- 바퀴 달린 의자 및 책상 등 융통성을 가지지만 제자리에 있을 것은 제자리에 위치시킬 것.
- 미니 공간 등 프로젝트에 맞도록 공간을 구성함.
- 실험이 허용되는 환경 조성. 즉 모든 표면, 합판, 스티로폼, 콘크리트, 화이트보드 등 최소한의 장식이나 마감 등을 활용하여 마음껏 자유롭게 실험할 수 있어야 함.
- 가능하면 실물 크기의 실험 모형을 제작하고 그 경험을 공유할 수 있어야 함.
- 사람들이 공간 경험을 공유할 수 있도록 함.

[그림 2.3], [그림 2.4], 그리고 [그림 2.5]는 각각 IDEO의 프로젝트실, 싱가포르 폴리텍 대학의 디자인싱킹 실습실, 그리고 스위스 상갈렌 대학의 디자인싱킹 교육장을 보여준다. 여기서 확인할 수 있는 공통점은 다양한 아이디어를 도출할 수 있고 프로토타입을 즉시 제작할 수 있는 충분히 자유로운 공간이 보장되어 있다는 것이다.

11_ Make space by Scott Doorley and Scott Witthoft 참고

[그림 2.3] IDEO Project room

[그림 2.4] Singapore Polytechnic 디자인싱킹 실습실

[그림 2.5] 디자인싱킹 Loft, University of St. Gallen, 스위스

프로토타이핑에 사용하는 여러가지 재료를 모아서 재료 보관함을 편리하게 디자인싱킹 공간에 비치하는 것은 대단히 좋은 방법이다. [그림 2.6]은 말레이시아 제노바시 디자인 싱킹 대학(Genovasi School of Design Thinking)이 설치하고 사용하는 재료 보관 시설을 보여 준다.

[그림 2.6] 말레이시아 Genovasi School of Design Thinking의 디자인싱킹 재료 보관함

〈디자인싱킹 성공 사례: 미숙아를 위한 인큐베이터(Embrace incubator) 개발〉

• point:
  – 통찰을 통한 혁신적 인큐베이터 개발
  – 저비용 인큐베이터를 디자인하기 위해 최종 사용자인 산모의 입장이 되어보기

• **해결해야 할 과제**: 어떻게 하면 저체중 신생아의 체온을 유지할 수 있는 장치를 만들어서 교통이 극도로 불편한 인도 및 네팔에서 태어난 신생아의 생존 기회를 높일 수 있을까?

• 연구자들이 2년간 인도 전역을 돌아다니며 산모, 조산원, 간호사, 의사, 상인들과 대화를 나누며 진짜 문제를 도출함. 인도 및 네팔의 오지에는 교통 및 전기 공급에 큰 문제가 있음. 이들은 이와 같은 사실을 고려해서 문제 해결의 방향을 바꿈

• **결론**: 좋은 디자인을 얻으려면 최종 사용자들을 가까이에서 관찰하고 인터뷰해야 함

• **개발자**: 스탠포드대학의 "design for extreme affordability" 강좌 수강 대학원생들

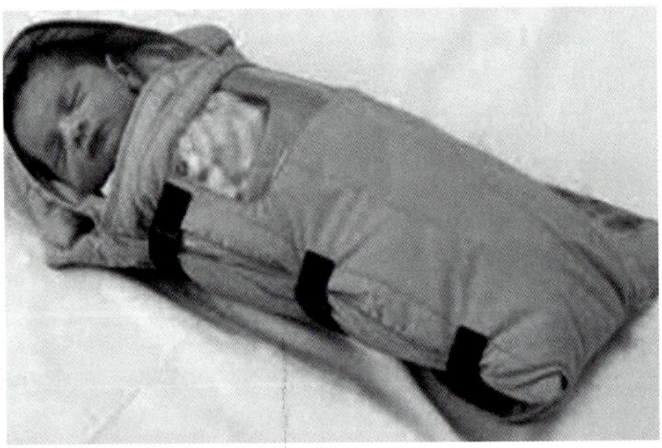

[그림 2.7] 네팔과 인도 오지의 저체중 신생아들을 위한 Embrace 인큐베이터 디자인

chapter 3

디자인싱킹, **그 특징은 무엇인가**

3.1. Stanford d.school의 디자인싱킹 모델

스탠포드대학이 컨설팅회사인 IDEO와 함께 개발하여 활용하고 있는 이 모델은 현재 세계에서 가장 널리 사용되고 있다. 이 모델은 공감, 문제 정의, 아이디어 발상, 프로토타이핑, 그리고 테스트로 이어지는 5개 과정으로 구성된다. 각 단계를 살펴보면 다음과 같다.

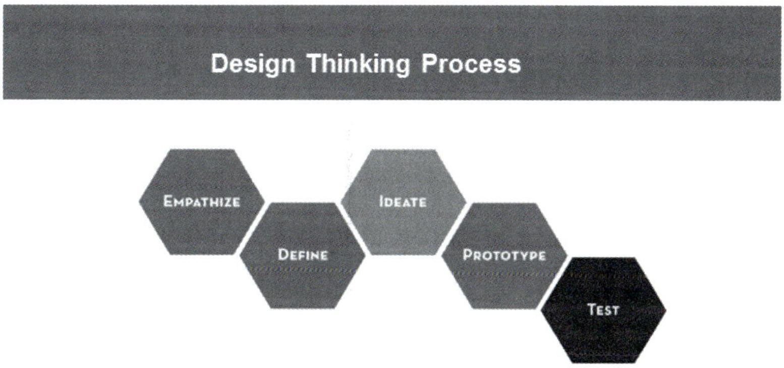

https://dschool.stanford.edu/groups/k12/wiki/cc09d/Summer_Workshop_2013.html

[그림 3.1] Stanford d.school의 디자인싱킹 프로세스

▶ 제1단계 공감하기(Empathize)

인간 중심 디자인 프로세스의 핵심이다. 왜 인간중심이냐 하면 디자인 과제의 중심은 바로 고객을 이해하는 단계에 있기 때문이다. 공감을 하기 위해서는 현장에서 실제 고객들을 만나 공감대를 형성하고 그들이 처한 상황과 실제로 하는 행동 등을 관찰한다. 이를 통하여 고객들이 특정 방식으로 행동하는 이유, 신체적·정서적 요구, 세계관 및 인생관 나아가 그들에게 의미 있는 것이 무엇인지 등을 고객의 입장에서 이해해야 한다.

▶ 제2단계 문제정의(Define)

공감을 통해서 얻은 통찰로부터 문제를 정의한다. 이때 의미 있고 실제적인 문제 정의문, 즉 착안점(Point of View; POV)를 도출하는 것이 중요하다. 착안점은 수집한 정보를 연결하고 패턴을 발견하는 과정으로, 이를 통해 의미 있는 진짜 문제를 발견할 수 있다. 고객이 원하는 제대로 된 진짜 문제 정의는 디자인싱킹의 생명이다.

▶ 제3단계 아이디어 발상(Ideate)

이 단계는 아이디어를 만들어 내는 데 집중하는 단계이다. 특히 아이디어 발상 초기는 확산적 사고를 하는 단계로 정답을 찾는 것이 아니라 가능한 한 광범위하고 다양한 아이디어 발상을 시도한다. 그 다음에는 수렴적 단계로 발상된 아이디어들을 분석하고 평가하고 선정하는 과정이 뒤따른다.

▶ 제4단계 프로토타입 만들기(Prototype)

도출된 아이디어를 빠르게 또 개략적으로 프로토타입으로 만드는 단계이다. 이때 최종 솔루션을 목표로 시제품, 역할 연기, 스토리, 그림 등을 만들어서 활용하는 것도 가능하다. 이 단계에서는 신속하고 저렴하게 만든 프로토타입을 가지고 고객으로부터 유용한 피드백을 받는 데 사용할 수 있다. 프로토타입을 하는 이유는 고객의 니즈에 따라 수정, 보완 또 개선하기 위한 것이다.

▶ 제5단계 시험(Test)

완성된 프로토타입을 실제로 고객에게 제시하고 제품이나 서비스에 대한 피드백을 받고 또 이를 개선하는 포인트를 찾는 단계이다. 테스트는 고객으로부터 배울 수 있는 또 다른 기회이다. 고객들이 실제로 생활하고 또 근무하는 이들의 집이나 직장에서 테스트하는 것이 가장 이상적인 방법이지만, 그럴 수 없을 경우에는 스토리나 상황을 만들어서 테스트를 실시할 수도 있다.

디자인싱킹은 얼핏 보기에는 간단하고 대단히 쉬워 보인다. 왜냐하면 기껏해야 4단계나 5단계 아니면 6단계로 구성되어 있기 때문이다. 그런데 막상 디자인싱킹 프로세스에 따라 실제로 문제를 해결하려고 할 경우, 곧 바로 난감함에 봉착하게 된다. 예를 들어 제1단계 공감 단계부터 벽에 부딪히기 마련이다. 고객을 관찰하고, 역지사지(易地思之)의 마음으로 그 사람이 가지고 있는 인지적 문제나 감성적 문제 그리고 니즈를 도출해 낸다는 것은 여간 어려운 과정이 아닐 수 없다.

따라서 디자인싱킹에 익숙해지기 위해서는 실제로 해보는 길밖에는 없다. 그것도 다양한 집단을 대상으로 굉장히 자주 또 많이 해봐야 한다.

하소 플라트너(Hasso Plattner) 회장은 디자인싱킹을 지원해 온 SAP 창업주이다. 그는 Stanford 대학의 d.school에 삼천오백만 달러를 기부하고, 포츠담 HPI 연구소에 엄청난 금액을 기증한 당사자이다. 디자인싱킹지원 10주년을 기념한 인터뷰에서 Plattner 회장은 자신이 이 프로젝트를 지원하게 된 동기를 밝힌 바 있다. 그는 독일에서 시작된 ICT 거대 기업인 SAP가 설립초기에 가졌던 점차 사라져 가는 기업가 정신을 다시 찾고, 직원들의 글로벌리제이션을 가속화시키고자 디자인싱킹 프로젝트를 지원하게 되었다고 말했다.

Plattner는 나아가 디자인싱킹을 활성화함으로써 기대되는 성과를 다음과 같이 요약하였다.

첫째, 디자인싱킹은 조직 개발이고 조직 혁신이다.

둘째, 디자인싱킹은 조직을 글로벌리제이션(globalization)으로 가게 하는 지름길이다.

Plattner 회장은 만일 조직의 최고위층의 혁신 마인드가 없다면 디자인싱킹을 도입하는 것은 어렵다고 강조한다. 그 이유는 디자인싱킹은 지금까지 고수해온 사고방식과 다른 접근법을 도입해야 하기 때문이다. 나아가 효율성을 추구하는 패러다임에서 불확실성도 수용해야 하는 미래 지향적 사고로 전향하는 것이야 말로 디자인싱킹이 추구하는 사고방식이기 때문이다.

그는 독일 기업을 예로 들어 글로벌화에 대해 화두를 던지고 있다. 그는 독일에서 Google이나 Amazon과 같은 이노베이티브한 기업이 나타나지 않는 이유에 대해, 독일 사람들의 로컬 마인드 나아가 도메스틱 마인드가 이들의 사고 영역을 제한하고 있기 때문이라고 지적하였다. 디자인싱킹을 글로벌 기업에 도입한다면 이것은 국경이나 문화 차이 때문에 제약을 받지 않는 전체 조직 차원에서 커뮤니케이션 수단을 가지는 셈이 된다.

독일 굴지의 회사 Siemens는 중국 사업을 가장 중요한 미래 사업으로 보고 있다. 이 회사는 최근 2년간 실험하고 검토한 끝에 디자인싱킹을 전 중국 사업장에 도입 및 확산하기로 결정하였다. 독일과 문화, 전통, 사고방식 그리고 가치관이 상이한 중국이 디자인싱킹에 기반하는 프로세스, 철학, 그리고 사고방식으로 글로벌화의 배를 같이 탄다는 사실은 우리에게도 많은 점을 시사해 준다.

다음에 기존의 혁신테크놀러지-TQM, Six Sigma, TRIZ-가 아니라 디자인싱킹을 실행할 때 가장 어렵다고 많은 사람들이 말하는 부분을 중심으로 살펴보자.

3.2. 문제 발굴은 고객의 니즈 파악에서

디자인싱킹을 도입하여 문제 해결을 할 때, 고객이나 사용자(user) 의 니즈를 파악하는 것이 출발점이 된다. 인간 중심(human-centered)의 이노베이션을 위한 최초 단계는 이처럼 사람들의 니즈를 파악하는 것에서부터 시작한다. 니즈라는 것은 사람들이 가지는 욕구를 말한다. 심리학에서는 "동기(Motivation)"라는 연구영역에서 인간 욕구에 대한 광범위한 연구를 해 오고 있다. 그 예로 하버드대학 사회심리학교수 맥클래랜드(David McClellend) 박사는 성취동기 이론을 발표했고 또 아브라함 매슬로 박사는 인본주의 심리학에 기초를 둔 욕구 계층 이론 등을 널리 소개하였다.

욕구가 만족되지 않는 상태가 계속되는 것을 우리는 '문제'라고 생각한다. 왜냐하면 충족되지 않은 욕구는 우리에게 불편함과 스트레스를 제공하기 때문이다. 예컨대, 배고픈 상황에서는 배고픔을 해소할 수 있는 음식물이 제공되지 않으면 불편하기 짝이 없다. 잠이 오고 졸린데 잠잘 시간이나 장소가 없다면 이것 역시 엄청나게 불편하다. 안전하게 차를 운전하고 싶은데 도로가 정비되지 않아서 위험하면 이것도 문제가 된다. 이 경우 잘 정비된 도로야말로 불편함을 제거하는 솔루션이 될 수 있다. 또 다른 예로 학교에 가고 싶지만 금전적인 이유로 가지 못하게 되는 경우 역시 문제라 할 수 있다.

이처럼 문제를 해결하기 위해서는 사람들의 니즈를 파악하는 것이 가장 선행되어야하는 조건이 된다. 이때 니즈는 명시적 니즈와 잠재적 니즈로 나눌 수 있다. 명시적 니즈(explicit needs)는 밖으로 드러내 보이는 것이고, 잠재적 니즈(implicit needs)는 가지고는 있으나 밖으로 드러내지 않는 것이다. 밖으로 표출이 가능한 명시적 니즈는 말이나 글로 표현이 가능하다. 이와 반대로 잠재적 니즈는 가지고는 있으나 말로 표현하기가 어려운 욕구를 말한다. 이러한 니즈를 파악하기 위해 디자인싱킹 제1단계인 '공감'에서는 관찰, 인터뷰, 체험하기 등 3가지 방안을 도입하고 있다.

니즈의 두 종류

앞서 언급한 바와 같이 니즈, 즉 욕구에는 크게 두 가지가 있다. 이를 좀더 자세히 살펴보면 그 중 하나는 표출이 가능한 명시적 니즈이고 다른 하나는 표출이 어려운 잠재적 니즈이다. 이를 빙산 이미지로 비유해 보자. 빙산은 수면 위에 뜬 부분이 전체의 3~5%에 불과하다. 나머지는 바다 물속에 잠겨 있다. 결국 빙산의 95%

이상이 물밑에 있는 셈이다. 니즈를 빙산에 비유하면, 바닷물 위로 떠있어서 보이지만 이는 극히 일부에 지나지 않는 빙산은 명시적 니즈에 해당되고, 해면 아래에 위치하기 때문에 보이지 않는 빙산 대부분은 잠재적 니즈에 해당된다고 할 수 있다.

명시적 니즈는 사람들이 자각하는 니즈로서 〈무엇이 필요합니까?〉라고 물어보면, 곧 바로 대답이 가능한 경우이다. 이와 달리 잠재적 니즈는 사람들이 자각하지 못하는 니즈이다. 즉 스스로도 잘 알지 못하기 때문에, 직접 물어 본다고 해도 대답을 잘 하지 못하는 경우이다.

두 가지의 니즈 중 특히 문제가 되는 잠재적 니즈를 파악하는 것이 매우 중요하다. 말로는 잘 표현하지 못하지만 분명히 가지고 있는 욕구, 적절한 어휘나 단어를 찾지 못해서 표현하지 못하는 욕구, 있는 것은 분명한데 관습, 습관, 체면 때문에 표출하기가 어려운 욕구 등도 모두 여기에 해당된다. 그런데 실제 이노베이션은 잠재적 니즈의 해결 과정에서 일어날 확률이 높다. 따라서 디자인싱킹을 통해서 문제 해결을 시도하는 경우, 특히 잠재적 니즈에 초점을 맞추지 않으면 안 된다.

잠재적 니즈를 파악하는 3가지 방법 : 관찰, 공감, 체험하기

관찰은 현장에 가서 〈사람들이 무엇을 하고 있는가?〉 또는 〈그 사람은 어떤 행동을 하는가?〉와 같이 실제 눈으로 살펴보는 것을 말한다. 이를 디자인싱킹에서는 필드 트립(field trip) 또는 필드 워크(field work)라고 한다. 관찰을 통해서 무엇인가를 발견한다면, 이를 반드시 메모, 녹음 또는 영상으로 기록해야 한다.

관찰은 새로운 가설을 만들기 위해서 행해진다. 밖으로 나타난 즉 명시적 니즈에 초점을 두는 경우에는, 해결하지 않으면 안 되는 문제와 니즈가 분명하기 때문에 미리 정해진 가설을 통해서 검증해도 무난하다. 그러나 잠재적 니즈를 밝히고자 하는 경우에는 문제에 해당하는 가설을 새롭게 설정하지 않으면 안 된다. 결론적으로 이노베이션을 일으키기 위해 가설을 만드는 것, 이것이 바로 관찰의 목적이다. 다음에 먼저 공감을 구체적으로 살펴보고 이어서 관찰 및 통찰에 대해 살펴보자.

3.3. 공감

▶ 공감이란 무엇인가?

공감은 인간 중심 디자인싱킹 프로세스의 가장 근본이 되는 출발점이다. 공감을 통하면 올바르고 가치 있는 진짜 문제(real problem)을 찾아낼 수 있다. 이를 위해서는 고객이나 사용자에 대한 깊은 이해가 필요하다.

▶ 왜 공감을 해야 하는가?

공감이란 고객의 진짜 니즈를 찾아내기 위한 과정이다. 고객이나 사용자가 직면하는 문제를 찾아내어 그들을 위한 디자인을 하려면, '그들이 누구인지', '그들에게 중요한 것이 무엇인지', 그리고 '그들은 어떤 니즈를 가지고 있는지' 등에 대한 철저한 파악이 선행되어야 한다. 이를 행하는 방법의 하나가 공감이다.

▶ 어떻게 공감하는가?

공감의 세 가지 방법은 관찰, 인터뷰, 체험하기(몰입)등으로 살펴볼 수 있다. 그

중 관찰은 사용자나 고객들이 생활하거나 일하는 실제 상황에서 그들이 실제로 하는 행동을 면밀히 살펴보는 것이다. 나아가 대화나 인터뷰를 통해 이들의 생각을 파악한다. 마지막으로 체험하기는 실제 이들이 경험한 것을 디자인싱커들도 직접 경험해 보는 것이다. 병원 디자인을 위해 IDEO디자인싱킹 팀 리더가 실제 환자가 되어 3일간 입원하여 "환자경험(Patient experience)"을 한 연구가 여기에 해당된다. 이러한 공감 방식을 활용하면 사용자나 고객들을 더 깊이 이해할 수 있다. 고객 이해를 위한 방법으로 캠브리지대학에서 개발한 "눈을 통한 고객 마음 읽기(Reading the mind by eyes)테스트가 있다. 이것은 사람의 감정과 기분은 눈을 통해서 80% 이상 전달한다는 이론적 배경에서 나왔다. 상대의 눈을 보고 감정 및 기분을 파악하는 능력이야 말로 주요한 공감 능력에 해당된다.

3.4. 공감을 위한 관찰

관찰이란 현장에 가서 실제로 일어나는 것을 보고, 만져보고, 접촉하고, 냄새 맡고 나아가 피부로 느끼면서 파악하는 것을 말한다. 관찰을 하면 아직 구체적으로 밝혀지지 않은 사실들이나 데이터로는 제시되지 않고 있는 정보에 대한 이해가 가능하다. 관찰이 성공적으로 이루어지면, 디자인싱킹의 마지막 단계인 문제해결 방안, 즉 '솔루션'으로 나타나는 제품이나 서비스가 가지는 유효성을 높이는 것이 가능하다. 또한 현장에서 실제로 일어나고 있는 사실에 근거해서 디자인을 추진하게 되면 정확한 문제 정의 및 이에 적합한 아이디어 발상이 가능하다.

우리는 자기 자신의 과거 경험, 학습, 그리고 이를 통해 만들어진 자기 나름의 태도와 신념에 근거하여 세상을 보는 경향이 있다. 왜냐하면 지금까지 체험하고 학습한 지식과 정보에 의해서 매사를 판단하려는 경향이 우리에게 내재되어 있기 때문이다. 경우에 따라 이 같은 개인적 지식은 편견, 선입견 등으로 작용할 수 있는 가능성도 가지고 있다. 왜냐하면 개인적 체험은 주관적으로 작용하는 까닭에 일반화시키기가 어렵기 때문이다. 사실 우리 인간은 자기 생각을 객관화시키는 데 대단히 인색하다.

그러나 진짜 현실이 어떤지를 이해하려면 현장에서 객관적 시각으로 관찰을 하여야 한다. 관찰법은 강력한 툴(Tool)이다. 눈에 보이고, 만져지고, 냄새 맡을 수 있는 대상이야말로 진정한 현실이고 또 객관적인 사실이다. 이 같은 실제적 데이터에 대해서는 개인적 편견이 작용할 수 없고, 나아가 누구나 수용하지 않을 수도 없다.

관찰에 활용하는 의문사 "무엇, 어떻게 그리고 왜"(What, How & Why)

의문사 '무엇을(What?)' '어떻게(How?)' '왜(Why?)'는 깊이 있는 관찰을 할 수 있도록 도와주는 도구이다. 이러한 의문사들을 활용한 질문법은 주어진 상황에서 고객의 감정과 동기를 보다 집중적으로 관찰하는 데 도움을 준다. 이제 그 사용 방법을 살펴보자.

▶ 무엇을(What)

구체적인 관찰을 할 때 '무엇을(What)' 이라는 의문사를 사용하는 질문이 도움이 된다. 이때 관찰 대상이 되는 고객이 무엇을 하는지를 살펴본다. 주의를 기울이고, 관찰한 내용을 자세히 기록한다. 이 경우 유의할 점은 사전에 어떤 가정이나 전제 조건의 개입 없이 반드시 객관적으로 하는 것이 바람직하다.

▶ 어떻게(How)

고객을 이해하는 다음 단계로 이동할 때 '어떻게(How)'를 사용한 질문이 도움이 된다. 고객이 일을 어떻게 행하고 있는지 관찰한다. 특정한 일을 할 때 서두는가? 괴로워하는가? 즐겁게 하는가? 활동이나 일이 고객에게 긍정적이거나 또는 부정적인 영향을 주는가? 이때 형용사를 이용한 설명문을 사용할 수도 있다.

▶ 왜(Why)

과도한 해석은 위험하다. 사용자가 왜 그 일을 하는지 또 왜 특정한 방법으로 해당되는 일을 하는지를 관찰한다. 나아가서 관찰한 상황에 대해 의미를 부여하기 위해 노력해야 한다. 이 단계는 사용자와 테스트를 하면서 가정을 분명히 해야 한다. 이렇게 하면 때때로 특정 상황에 대한 예상치 못한 깨달음을 얻게 될 수도 있다.

관찰은 자세히 또 구체적으로(스탠포드 dschool에서)

현장에서는 반드시 기록을 한다

관찰을 할 때 반드시 수반되어야 하는 것은 기록이다. 기록을 하는 이유는 현장 관찰 후에 돌아 와서 인터뷰한 내용을 파악하고자 함이며, 기록이 없으면 현장 상황을 재생하는 것이 어렵기 때문이다.

관찰을 하는 동안 돌연 번쩍이는 아이디어(serendipity)가 나오는 경우도 있다. 그런데 그 아이디어가 나오게 된 근거를 기록하지 않는다면, 도대체 어떻게 해서 그런 아이디어가 나왔는지 알 길이 없다. 또 현장에 가지 않은 사람에게 아이디어를 설명하는 경우, 왜 그 아이디어가 유효한 것인지를 설명하는 것도 역시 어렵다. 만약 이러한 경우를 대비하여 현장에 대해 기록한 것이 있다면, 팀원들의 공감 및 이해를 얻을 수 있고 이를 통해 원활한 논의도 가능하게 된다.

기록 방법으로는 메모, 사진, 녹음, 녹화 등이 있다. 한편 현장에 대한 기록을 1년이 지난 후에도 실제 일어난 그 당시처럼 생생하게 재현할 수 있도록 남긴다면 이것은 대단히 바람직하다.

기록이 어려운 상황도 배제할 수 없다. 이 경우, 두 사람이 인터뷰에 참여하여 역할 분담을 하는 방법이 좋다. 즉 한 사람은 질문을 맡고 다른 사람은 기록을 담당하여 인터뷰를 진행하는 것이다. 고객이나 사용자에 따라서는 기록에 대한 사전 양해와 동의를 구하지 않으면 인터뷰 진행이 어려운 경우가 있다. 따라서 인터뷰 전에 반드시 내용 기록에 대해서 사전 동의를 받도록 해야 한다.

▶ 자기에게 잘 맞는 기록법을 개발하자

기록을 할 때 반드시 유의·주의해야 하는 것은 자기 자신에게 잘 맞는 기억 방법이 무엇인지 파악하여, 그 방식대로 기록해야 함을 깨닫는 것이다. 예를 들어 경치를 보면서 회상할 때 기억이 잘 된다면 '시각 우위 타입'이라 할 수 있다. 반면 소리 나 음을 들었을 때 기억이 잘 되는 경우는 '청각 우위 타입'이라 한다.

만일 자기 자신이 청각 우위 타입이라면 다른 사람이 하는 말과 발음을 의식적으로 기록하는 것이 좋다. 이와 반대로 시각 우위 타입이라면, 사람의 말을 잘 기억하기 위해서 〈도로의 광경이 어떠하였는가?〉 또는 〈현장에 있는 사람들은 어떤 방식으로 행동했는가?〉 등과 같이 상황 파악에 도움이 되는 사진이나 영상으로 그 현장의 상황을 기록하는 것이 좋다. 나아가 이 두 가지를 결합시키는 것도 좋은 방법이라 할 수 있다.

공감을 위한 인터뷰(Interview)

고객이나 사용자가 가진 문제를 해결하는 것은 이들을 위한 이노베이션이라 할 수 있다. 그렇다면 과연 사용자를 위한 이노베이션은 어떻게 할 수 있을까? 우리는 사용자의 생각, 감정, 동기에 대해서 이해하고 그것을 바탕으로 그들을 위한 문제 해결, 즉 혁신을 이끌어낼 수 있어야 한다.

공감적 이해를 위한 인터뷰는 다음과 같이 구성된다: 1) 자기소개, 2) 프로젝트 소개, 3) 친밀감, 즉 라포(Rapport) 형성, 4) 스토리 전개, 5) 감정 탐색, 6) 질문하기, 7) 감사 인사 및 마무리.

다음의 그림은 인터뷰 진행 순서를 보여준다. 각각의 말풍선의 크기는 인터뷰 단계에서 투입해야 하는 시간 및 노력의 정도, 즉 에너지 크기와 정도를 의미한다.

[그림 3.2] 공감을 위한 인터뷰(Interview)

▶ 인터뷰 방법

인터뷰를 바람직한 방향으로 이끌어가기 위해서는 많은 훈련이 필요하다. 마케팅 리서치 회사들은 최근에 와서 기존의 양적 연구에서 질적 연구로 관심을 돌리고 있다. 왜냐하면 양적 연구는 설문지를 배포하거나 전화 또는 인터넷 등을 이용하여 엄청나게 많은 조사대상자를 확보해야 하지만 도출되는 최종 결과는 신뢰성이 질적 조사 방법에 미치지 못하기 때문이다. 이러한 리서치의 한 예로 덴마크에서 시작하여 미국 뉴욕에서 활동하는 ReD라는 컨설팅 회사는 에스노그리피(ethnography(민족지학)) 방법을 동원하여 기존에는 약 1,000여명을 대상으로 실시해오든 양적 조사를 약 30명 정도의 질적 조사로 대신해서 결과를 정확하게 도출하고 있다.

다음에 질적 조사에 입각한 인터뷰 단계 및 접근 방법을 살펴보자.[12]

12_ d.school Bootcamp Bootleg 참고

1) '왜?'라고 묻기

평상시 사람들은 자신이 왜 그런 행동이나 말을 했는지 잘 모르는 경우가 많다. 이때 행동이나 발언의 이유를 밝히는 방법이 바로 질문을 하는 것이다. 따라서 '왜' 라는 질문을 통해 전혀 예상치 못한 답을 얻을 수 있고, 또 전혀 다른 대화로 이끌어 갈 수도 있다. "일반적으로 ~합니까?"와 같은 모호한 질문은 삼가는 것이 좋다. 그 대신 "마지막으로 ~했던 경험을 이야기해 주세요."와 같이, 특정한 사건이나 경험에 대해 단답형이 아닌 문장으로 말할 수 있도록 구체적인 질문을 할 수 있어야 한다.

2) 스토리를 유도하기

사실적 자료보다 스토리를 들려달라고 요청하는 것이 바람직하다. 왜냐하면 스토리 속에는 고객이 세상을 어떻게 인식하고 있는지가 그대로 드러나기 때문이다. 보다 자세한 분석을 하기 위해 '예'나 '아니오'로 답하는 질문보다 사람들이 스토리를 만들어 갈 수 있는 질문을 하자.

3) 언행불일치에 주목하기

사람들의 말과 행동이 가끔 일치하지 않을 때가 있다. 말로는 '즐겁다'고 하지만 얼굴 표정은 그 반대로 '찡그리는' 경우도 한가지 예가 될 수 있다. 이처럼 상호 갈등을 일으키는 모순된 경우를 감지하면 흥미로운 통찰을 얻을 수 있다.

4) 비언어적 단서에 주목하기

인터뷰를 하면서 신체 언어와 감정 표현에 항상 주의를 기울여야 한다. 인터뷰 중에는 말하는 내용과 얼굴 표정이 각각 다른 경우도 가끔씩 있다. 예를 들어 말은 긍정적으로 하면서 어깨를 으쓱거리며 부자연스러운 모습을 포착하게 된다면, 이것 역시 질문을 할 수 있는 좋은 기회가 된다.

5) 침묵을 두려워하지 않기

인터뷰 중, 잠깐의 공백이 생기면 다른 질문을 해야 할 것 같은 기분이 들 때가 있다. 그러나 이 침묵은 고객이 자신이 말한 것을 되짚어보고 더욱 깊은 스토리를 이끌어 내기 위하여 필요한 시간이다. 따라서 침묵이 주는 불편함을 굳이 메워 넣을 필요는 없다.

6) 답변을 스스로 제시하거나 유도하지 않기

고객이 답변을 머뭇거린다고 해서 도와줘서는 안 된다. 그렇게 하면 고객은 무의식중에 인터뷰 진행자의 의견에 동조할 수 있기 때문이다.

7) 중립적인 질문하기

정답이 없는 질문을 해야 한다. 또 단답형 대답을 유도하는 양자택일 식의 질문도 바람직하지 못하다. 흔히 단답형 질문을 하면 대답을 유도하기 쉽다. 그러나 인터뷰를 통해서 진정으로 얻고자 하는 것은 '스토리'로 이어지는 내용이라는 사실을 질문자는 항상 기억해야 한다.

8) 특별하고 구체적인 실례를 들기

관찰하기 어려운 것에 대해서는 특별하고 구체적인 실례를 들어가며 인터뷰를 진행한다. 특히 관계되는 물건이나 기념품을 보여달라고 하든지 또는 구체적인 실제 사례를 말해달라고 요청한다.

9) 인터뷰 내용을 기록할 수 있도록 철저하게 준비하기

인터뷰는 반드시 2인 1조로 진행하고, 녹음이나 녹화를 이용하여 기록하는 것이 좋다. 왜냐하면 인터뷰 내용은 기록하지 않으면 쉽게 망각할 수 있기 때문이다. 또 인터뷰를 하면서 대화 내용을 모두 자세히 기록하기란 불가능하다. 따라서 녹음기, 카메라 또는 기타 IT기기 등 보조 도구의 도움이 필요하다. 이때 상대방으로부터 기록에 대한 동의를 반드시 사전에 얻어야 한다. 다음에 제시하는 인터뷰 양식은 바람직한 인터뷰를 하는 데 도움을 준다.

공감을 위한 인터뷰(Interview)

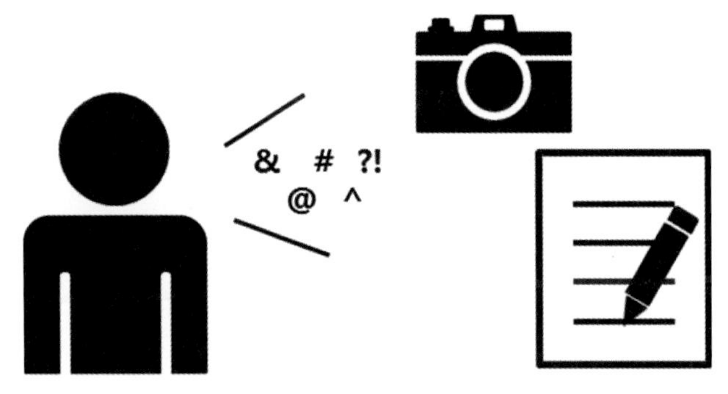

〈표 3.1〉 인터뷰양식 예시

순서	1) 인터뷰 대상 정하기 2) 인터뷰 내용 만들기 3) 현장 인터뷰하기 4) 인터뷰 정리하기 ① 인터뷰 대상 정하기 ② 인터뷰 내용 만들기 ③ 현장 인터뷰 하기 ④ 인터뷰 정리하기
인터뷰 질문 작성	1. 대상을 정하고, 인터뷰 접근 방법 9가지를 유의하면서 고객, 즉 사용자를 대상으로 10가지 질문을 작성하기 1. 2. 3. 4. 5. 6. 7. 8. 9. 10. 2. 질문 작성이 끝나면, 대상자에게 질문을 한다. 이때, A4용지에 고객이 한 말을 되도록 꼼꼼하게 적는다.

▶ 극단적인 사용자 인터뷰(Extreme user interview)

디자인싱킹은 사용자(고객)의 삶 속에서 그들이 하는 요구를 이해함으로써 문제해결을 위한 통찰을 얻는다. 극단적인 사용자들을 대상으로 대화를 하거나 관찰을 하면, 이를 통해 그들이 요구하는 바가 무엇인지 또 무엇을 회피하는지를 파악할 수 있다. 극단적인 사용자를 통해서 발견된 요구는 대다수 사람들의 필요나 요구를 대표할 때도 있다. 예컨대 병원에서 의사가 처방해 준 약을 매일 정시에 먹어야하는 환자가 항상 이를 망각하는 경우가 있다면, 이 환자야말로 극단적 사용자에 해당된다. 이 사람을 위해서 디자인싱킹 팀이 개발한 해결책은 일반 환자에게도 적용가능하다.

1) 극단적인 사용자 결정하기

어떤 사람이 극단적인 사용자인지를 결정하는 것은 우리가 탐구하고자 하는 디자인 과제를 분명히 하는 데 도움이 된다. 여기에서 극단적일 수 있는 사람들을 생각해 보자. 예컨대, 식료품 가게의 쇼핑 경험을 재설계할 때 구매한 식료품들을 어떻게 담는지, 결제는 어떻게 이루어지는지, 구매할 물건을 어떻게 선택하는지, 구매한 식료품을 어떻게 집으로 가져가는지 등을 고려할 수 있다.

예를 들어 이때 식료품들을 어떻게 담는지를 고려한다면 재활용품을 모으기 위해 쇼핑 카트를 사용하는 사람, 카트에 짐을 너무 많이 담는 사람, 구매하길 원하는 사람을 위해 물건을 담는 사람, 자신의 자녀를 카트에 식료품과 함께 싣는 사람, 나아가 식료품 가게에 가지 않고 배달을 요청하는 사람 등 여러 가지 유형이 있을 것이다.

추가적인 사례로 손가락 관절염 때문에 일반 칼이나 부엌용 칼로 사과나 감자를 깎기 어려운 고령의 가정주부 역시 극단적 사용자에 해당된다. 손가락 관절염이나 다른 불편함 때문에 기존의 부엌용 기구들을 사용하기가 불가능한 사람들을 위해 OXO라는 회사는 여러 가지 사용자 중심의 기구들을 개발하였다.

2) 함께 하기

극단적인 사용자를 대상으로 인터뷰할 때도 다른 사람들과 똑같이 관찰하고 또 대화를 해야 한다. 이 과정에서 이들이 보여주는 회피반응이나 또는 다른 추가적인 극단적인 행동을 발견한다면 영감이나 통찰을 발견할 수 있다.

3) 극단적인 포인트 찾아보기

극단적인 사용자들이 제시하는 잘 다듬어지지 않은 아이디어를 관찰하고 살펴보면 이들을 위한 디자인이 다수의 정상적인 사람들에게도 큰 도움을 주고 반향을 일으킨다는 사실을 확인할 수 있다.

스토리 공유 및 포착(Story Share-and-Capture)

관찰한 결과를 팀원들과 공유하여 사용자에 대한 공감적 이해를 높이는 기법에는 스토리 공유 및 포착(Story Share-and-Capture)이 있다. 이 방법을 사용하는 목적은 다음과 같다.

1) 스토리 공유를 통해 팀원들은 관찰 및 인터뷰에서 서로 보고 들은 것들을 좀 더 완전히 파악할 수 있다.

2) 동일한 고객을 대상으로 한 인터뷰 경험이라 할지라도 다른 이들과 공유하는 과정에서 혼자서 깨달았던 것보다 더 많은 의미를 찾아낼 수 있다.

3) 각 분야별로 흥미 있는 부분을 포착해서 비어 있는 부분을 채워 나가면 전체적인 상을 그릴 수 있다.

공감 과정에서 관찰한 내용과 보고 들은 내용을 팀원들과 같이 공유한다. 이때 다른 팀원들은 인용할 만한 내용, 놀라운 내용, 흥미로운 내용 등을 포스트잇에 각각 기록한다. 기록한 포스트잇들은 내용정리를 위한 전지공간을 채워 나가는 재료가 되고, 주제와 패턴별로 분류할 수 있다.

스토리 공유 및 포착(Story Share-and-Capture)

이런 방법을 통해 팀원들은 사용자들에게 어떤 일이 벌어지는지에 대한 이해를 높일 수 있다. 또 사용자가 어떤 사람인지, 그리고 진정으로 원하는 것이 무엇인지도 알 수 있다.

〈스토리 공유와 포착 연습〉

☞ 2인 1개조로 팀을 짜서 상호 인터뷰한 내용을 바탕으로 다음과 같이 실시한다.

1) 팀원들은 돌아가며 인터뷰 내용을 공유한다.

2) 한 팀원이 말할 때 다른 팀원들은 인용할 만한 내용, 놀라운 내용, 흥미로운 내용 등을 포스트잇에 적어 전지에 붙인다. 이 때, 포스트잇 한 장에 한 가지 내용만 적는다.

3) 공유가 끝나면 주제나 눈에 띄는 패턴들을 중심으로 포스트잇을 정리한다.

3.5. 문제 정의는 어떻게 하는가?

문제 정의란 공감 단계에서 실시한 관찰과 인터뷰 등을 통해서 발견한 결과물들을 분류하고, 통합하여 해결이 요구되는 착안점(Point of view)을 개발하는 것이다. 여기서 찾고자 하는 올바른 문제는 고객이 느끼는 진짜 문제, 즉 고객에게 가치가 있는 문제, 나아가 고객을 위해서 해결해야 하는 문제를 말한다.

그렇다면 올바른 문제 정의는 왜 해야 하는가? 그 이유는 문제가 무엇인지 제대로 규명될 때, 비로소 문제해결의 올바른 방향성을 가질 수 있기 때문에 이는 매우 중요하다. 또 문제를 명료하게 표현함으로써 이를 바탕으로 아이디어 발상을 시작할 수 있다.

고객과 문제 상황에 대한 깊은 이해를 했다면 그 이해를 바탕으로 실행 가능한 문제 정의문, 즉 착안점(Point of views)을 만든다. 문제정의문은 우리가 보는 관점에서 특정 사용자가 누구인지, 그들의 니즈는 무엇인지, 그리고 왜 그러한 니즈를 가지고 있는지에 대한 통찰을 얻게 하는 문장을 말한다.

좋은 문제 정의문은 문제에 집중하게 한다. 또 상호 경합 관계에 있는 아이디어에 대해 평가 기준을 제공해 준다. 나아가 판단을 내리게 해 주며, 브레인스토밍을 용이하게 해 주고, 궁극적으로 고객이 가진 문제를 혁신적으로 풀 수 있는 역할을 한다.

공감 지도 만들기(Empathy Map)

문제 정의문, 즉 착안점을 만들기 위한 전단계로 공감 지도(Empathy map)만들기가 있다. 공감 지도 작성은 인터뷰, 관찰, 몰입(immerse)을 통해서 발견한 것과 우리가 통찰을 통해서 얻은 것을 종합하고, 분류하고, 통합하도록 도와주는 기법이다. 공감 지도 작성은 고객을 관찰하고 또 인터뷰한 전체 내용을 정리하여 고객이 가진 진짜 문제를 도출해내는 중요한 과정이다.

우선 대형 전지나 화이트보드를 4개의 구역으로 구분한다. 현장에서 관찰하고 기록한 내용, 인터뷰하면서 녹음 및 촬영한 정보를 포스트잇에 기록하여 각 카테고리별로 정리한다. 이때 녹색이나 청색의 포스트잇은 창조적인 아이디어(혹은 긍정적인)를, 적색은 놀랍고 새로운 아이디어(혹은 부정적인)를 그리고 황색은 일반적인 아이디어를 정리하는 식으로 색깔별 분류 카테고리를 정할 수 있다. 그 다음에는 고객이나 사용자가 직접 말하는 것과 행동하는 것, 고객이 생각하는 것으로 판단되는 것, 고객이 느끼는 것으로 추론하는 것 등을 말하는 것, 행동하는 것, 생각하는 것, 그리고 느끼는 것(Say, Do, Think, Feel)의 4가지 영역으로 분류한다. 이상을 좀 더 구체적으로 살펴 보자.

1) 발하는 것과 행동하는 것(Say & Do)

Say 카테고리에는 인터뷰에서 고객이 실제로 한 말들이 포함된다. 반면에 Do 카테고리에는 관찰된 고객의 행동들이 포함된다. 이 두 가지 카테고리는 인터뷰를 실시하는 과정에서 별 무리 없이 파악이 가능하다. 따라서 분류 자체도 별로 어렵지 않다.

2) 생각하는 것과 느끼는 것(Think & Feel)

Think와 Feel의 카테고리에는 고객의 생각과 고객의 느낌에 대해 "우리가 생각하거나 추론한 것"들이 포함된다. 다시 말해 앞의 'Say'와 'Do'는 실제 고객이 말한 것과 행동한 것을 중심으로 도출해 내야 하는 데 반해서, 'Think'와 'Feel'은 문제해법을 찾는 우리가 생각하기에 "고객이 이렇게 생각할 것 같다"라든지 "고객이 이런 감정을 가질 것 같다"와 같이, 디자인싱킹 활동을 하는 주체가 보는 고객의 사고와 감정을 추론한 것이다.

디자인싱킹 워크숍에서 필드워크는 대단히 중요하다. 왜냐하면 교실이나 워크숍 장소에서 참가자들끼리 하는 활동은 단지 간접적인 학습에 그치는 경우가 많기 때문이다. 따라서 전체 학습 과정에서 현장으로 나가는 필드 트립을 통해서 필드워크를 하는 것은 아무리 강조해도 충분하지 못하다. 실제로 필드에 나가서 고객을 관찰하고 인터뷰를 하고 교육장으로 돌아 온 참가자들 대다수가, 필드워크가 가장 많은 학습 기회를 제공했다고 이구동성으로 말하는 것을 볼 수 있다.

필드워크에서 실제로 행한 고객과의 상호 작용 내용이 공감 지도(Empathy map)로 제시되면 이를 통해 진정한 문제 정의문이 나온다. 그런데 공감 지도 작성을 대다수의 참가자들은 어려워한다. 왜냐하면 사람들은 누구나 자기 중심적으로 생각하고 또 생활하기 때문에 고객이 하는 행동을 관찰하거나 또 여러 가지 질문을 제기하고 그 이유를 묻는 인터뷰 실시에 익숙하지 못하기 때문이다. 또 사전에 적절한 준비와 연습을 하지 않으면 인터뷰 진행이 쉽지 않다.

힘든 과정의 관찰과 인터뷰의 결과를 공감 지도로 작성할 때, 고객이 실제로 한 말(Say)이나 인터뷰 과정에서 고객이 실제 행동으로 보여준 것들(Do)은 쉽게 도출이 가능하다. 반면에 고객이 생각하는 무엇인가를 짐작하는 것(Think)과 특히 고객이 어떤 기분, 느낌, 감정을 가질까를 유추해서 인지하는 것(Feel)을 포착하여 작성하는 데는 많은 훈련이 필요하다. 특히 Think와 Feel의 경우 신체언어(body language), 목소리, 자세 및 얼굴 표정 등을 주의 깊게 관찰해야 하고, 인터뷰 때 고

〈공감 지도 작성 예시〉

☞ 키가 작은 주부들이 사용하기 편리한 세탁기

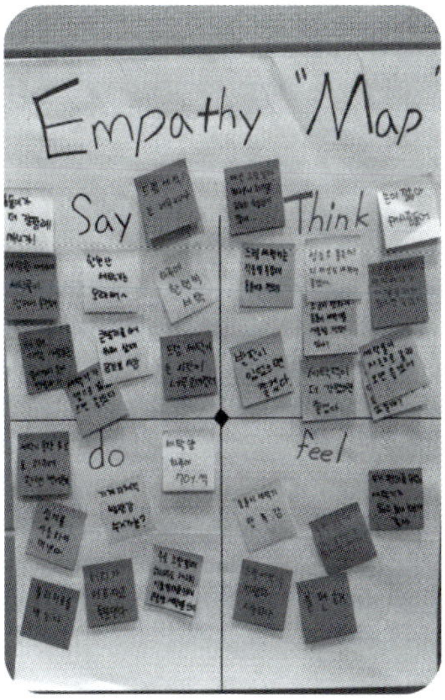

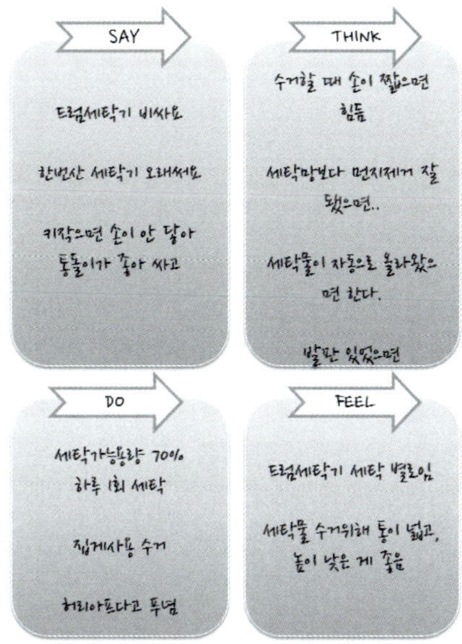

객이 사용하는 단어 하나하나에 다양한 단서를 내포하고 있으므로 이것도 주의 깊게 경청해야 한다.

앞에서 잠시 소개했지만 필자들은 디자인싱킹 워크숍을 "해외여행 상품 개발 전문가들"을 대상으로 실시한 적이 있다. 수많은 여행객이 오고 가는 인천국제공항에 가서 4~5명으로 구성된 각 팀으로 하여금 여행을 떠나는(outbound) 고객들을 인터뷰하고 또 여행을 마치고 귀국하는(inbound) 여행객을 대상으로 인터뷰하는 필드 워크를 실시하였다. 참가자들은 짧은 워크숍 기간(2일)동안 실시된 디자인싱킹 전체 과정에서 이들 여행자 고객을 대상으로 직접 실시한 관찰과 인터뷰야말로 가장 많은 것을 깨닫게 해 주었다는 데 공감하였다.

디자인싱킹 워크숍을 실시할 때 공감 지도(empathy map)를 작성하는 것은 항상 큰 도전이 된다. 참가자들이 "생각과 감정이 어떻게 다릅니까?"라고 질문하는 경우가 종종 있다. 생각, 즉 'Think'의 경우는 인지적 차원이 주로 작용하고, 이에 비해 느낌, 기분을 말하는 'Feel'은 '좋다' 또는 '나쁘다', '기쁘다' 또는 '슬프다' 등과 같이 감성 차원이 주로 작용한다고 볼 수 있다.

공감 지도에서 도출한 내용을 정리하면 다음과 같다.

첫째, 고객에게 무엇이 '진짜'로 중요한가?

둘째, 고객이 말하지 않는 것은 무엇인가?

셋째, 고객이 말로 표현하지 못하는 것은 무엇인가?

넷째, 무엇이 고객을 감동시키나?

다섯째, 고객의 꿈과 포부는 무엇인가?

여섯째, 고객이 우려하는 것은 무엇인가?

문제 정의문(Point of View statement ; 착안점)

전형적인 문제 정의문, 즉 착안점을 구성하는 요소와 그 진술 형태는 다음과 같다.

〈표 3.2〉 문제 정의문의 구성 요소와 진술 형태

구성 요소	진술 형태
고객(이름)	고객 A씨는
고객의 니즈	~ 하는 것이 필요합니다.
통찰	왜냐하면 … 하기 때문입니다.

디자인싱킹 워크숍에서 착안점을 만들 때 가장 중요한 기준은, 간단명료하지만 핵심을 찾아내는 것이다. 미국 버몬트 디자인 스쿨의 학장을 역임하고 일본 굴지의 화장품회사 시세이도(Shiseido)를 컨설팅한 John Maeda는 단순함(Simplicity)이야말로 디자인싱킹에서 가장 중요한 요소라고 지적하였다. 그의 말에 기초하여 착안점을 작성할 때 유념하여야 할 것으로 다음과 같은 내용을 들 수 있다.

- 고객, 즉 사용자가 누구인가가 먼저 밝혀야 한다.
- 고객의 니즈는 반드시 동사(動詞 Verb)로 표현되어야 한다.
- 통찰은 단순히 니즈의 이유가 되어서는 안 되고 니즈가 나타나는 근본 원인이 되어야 한다.

좋은 문제 정의문, 즉 좋은 착안점을 작성한 실제 사례를 다음에서 살펴보자.

〈좋은 착안점 사례〉

☞ **문제 상황**

MRI란 의료 기계를 Human-centered 디자인싱킹을 통해서 인간 중심의 모험 시리즈로 바꾸어 놓은 사례가 있다. MRI 기계로 아동 환자들을 촬영할 때, 기계의 소음 때문에 두려워하는 아이들이 많아, 진정제를 투입하지 않으면 촬영이 불가능한 경우가 많았다. 아동 환자가 갖는 공포감과 기계에 대한 저항감 때문에 진정제를 투약하는 과정으로 인하여 매일 촬영이 가능한 인원이 제한적일 수밖에 없었다. 이 문제 해결에 착수한 디자인싱킹 팀이 찾아낸 착안점은 다음과 같다.

☞ **착안점**

고객(이름)	아동 환자는
고객의 니즈	MRI촬영 기계와 소음에 대한 두려움을 극복하는 것이 필요하다.
통찰	왜냐하면 촬영 때마다 진정제를 맞는 일은 효율적이지 않기 때문이다.

일반적으로 기술된 문제 정의문과 좋은 문제 정의문을 비교해 보면 좋은 문제 정의문의 조건이 분명해진다. 10대 소녀의 비타민이 풍부한 건강에 좋은 음식을 습취하도록 유도하는 것과 관련된 일반적인 문제 정의문을 좋은 문제정의문과 비교해 보자.

〈표 3.3〉 일반적 문제 정의문과 좋은 문제 정의문

일반적 진술	좋은 문제 정의문
10대 소녀들은 한참 자라는 나이이기 때문에 성장 및 발육에 필요한 비타민이 풍부한 음식을 먹는 것이 필요하다.	사춘기 10대 소녀들은 건강식을 먹어야 한다. 그러나 자기 또래 집단에 소속감을 느끼는 것은 더욱 중요하다.
왜냐하면 비타민은 건강에 매우 필요하기 때문이다.	왜냐하면 건강보다 또래에게 따돌림 당하지 않는 것이 이 나이의 아이들에게는 그 무엇보다 우선 순위에 있기 때문이다.

상기한 사례를 가지고 이번에는 문제 정의문의 구성 요소별로 좋은 문제 정의문이 될 수 있는 요건을 살펴보자.

〈표 3.4〉 좋은 문제 정의문의 요건

요소	일반적 기술	좋은 문제 정의문	좋은 문제 정의문의 요건
사용자	10대 소녀	새 학기를 맞이한 14살의 소녀	특정 사용자 거론
니즈	몸에 좋은 음식을 먹는 것이 필요하다.	건강식을 먹을 때도 사회적으로 받아들여지는 느낌을 얻는 것이 필요하다.	깊은 니즈 기술 (잠재적 니즈)
통찰	특정한 영양소가 신체적 건강과 인지적인 발달에 필수적이기 때문이다.	또래 내에서 건강한 음식을 먹는 것보다 따돌림 당하지 않는 것이 더 중요하다고 느끼기 때문이다.	공감 중 발견한 놀라운 것은 기술

또 다른 예를 살펴보자. 혹시 어떤 운전자가 실내 유료 주차장을 빠져 나갈 때 주차권 발행기와 차의 거리를 잘못 계산해서 차문을 열고 차에서 내려서 티켓을 넣고 출차하는 모습을 본 적이 있는가? 일상에서 흔히 볼 수 있는 이 사례를 가지고 공감 지도부터 문제 정의문을 작성하는 일련의 과정을 따라가 보도록 하자.

〈표 3.5〉 공감 지도 및 문제 정의문 작성 예시

<table>
<tr><td>상황</td><td colspan="2">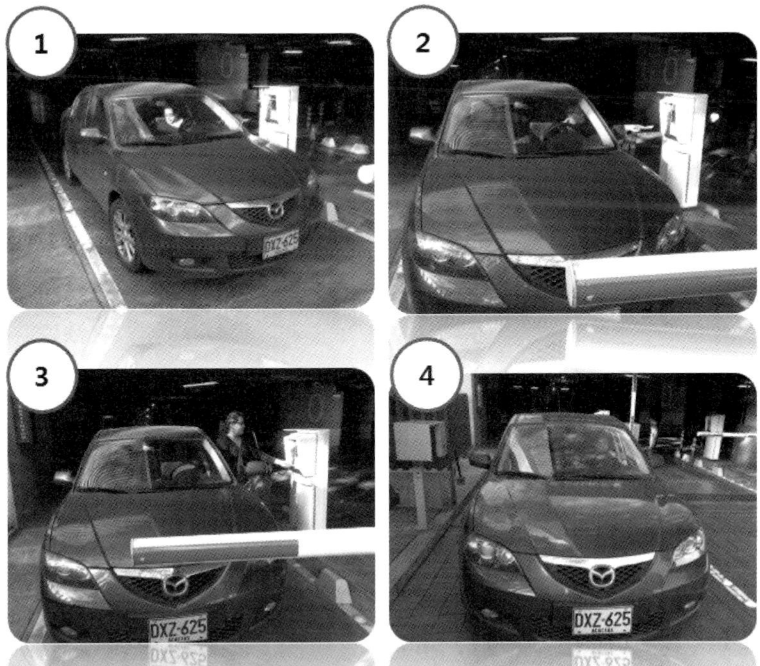

여성 운전자가 실내 주차장에 차를 세울 때마다 차단기와 왼손 간의 거리 조정을 잘 하지 못해서 당황해한다. 너무 가까이 가면 차체가 부딪힐 것 같고, 너무 거리를 두면 손이 주차권을 뽑을 거리에 닿지 않을 것 같기 때문이다.</td></tr>
<tr><td rowspan="2">공감 지도</td><td>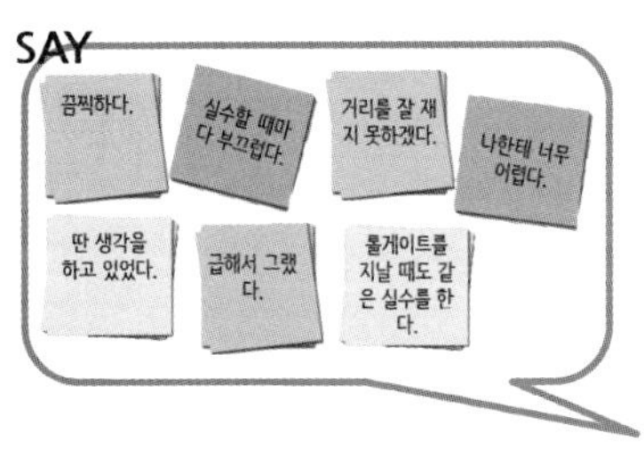
</td><td>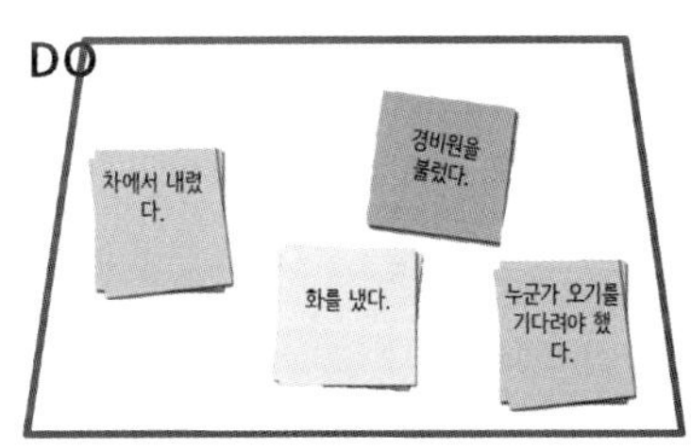
</td></tr>
<tr><td>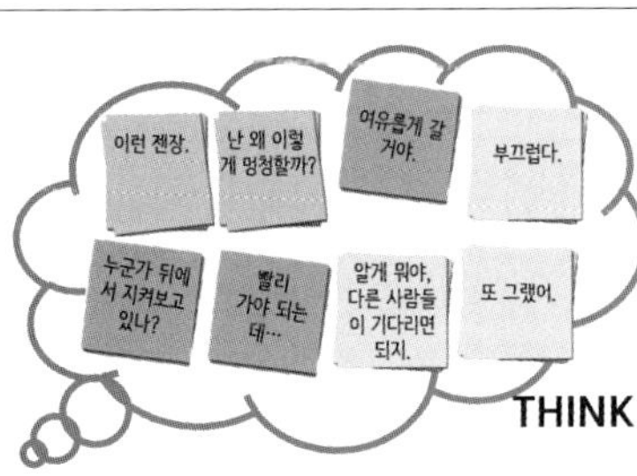
</td><td>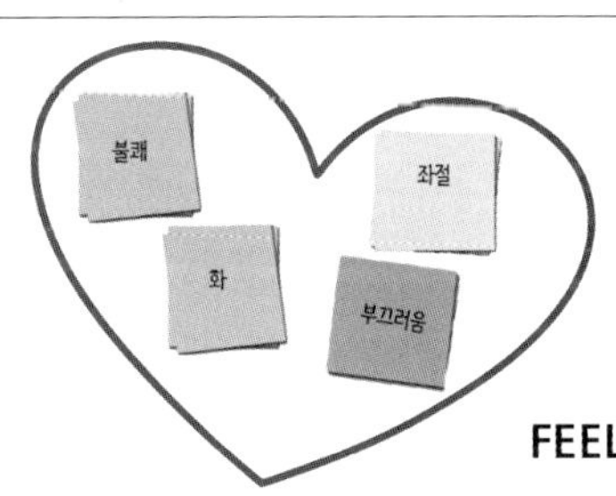
</td></tr>
</table>

문제 정의문	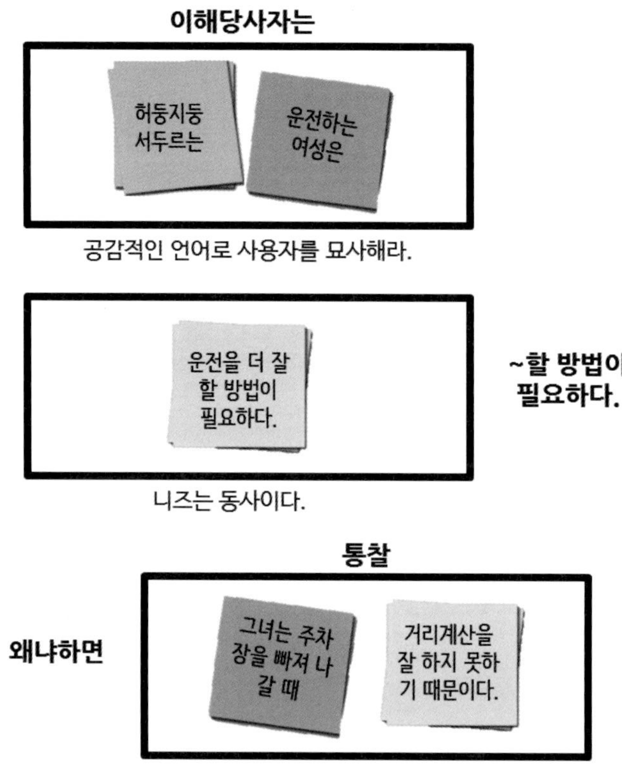

이상에서 살펴본 바와 같이 디자인싱킹 과제를 풀때 니즈는 명사(해결책)가 아니라 동사(사용자가 가진 니즈, 도움을 요청하는 활동)로 표현됨을 알 수 있다.

통찰(Insight)은 니즈가 발생하는 원인을 깨닫는 것이다. 니즈는 우리가 주목한 고객의 특성에서 발견되거나, 또는 두 특성 사이의 모순(사용자의 언행불일치)에서 발견될 수 있다.

니즈는 공감 지도(empathy map)의 한쪽 편에 적는다. 공감 지도의 4가지 카테고리 중 고객이 가진 2가지 속성 사이에서 모순이 보이거나 또는 고객이 보여주는 문제되는 행동을 알아차렸을 때, "왜?"라는 질문을 던짐으로써 통찰을 얻을 수 있다. 통찰을 확인하는 방법으로 긴장, 모순, 놀라움을 포착하는 것이 있다. 즉 고객이 보여주는 감성적 반응에 주의하면 통찰을 쉽게 얻을 수 있다. 우리는 통찰을 통해서 디자인 챌린지를 바람직하게 해결할 수 있다.

다음으로 슈퍼마켓을 찾는 고객들의 충성도를 높이기 위한 디자인싱킹 사례를 통해 고객 인터뷰를 시작으로 니즈와 통찰을 발견해가는 과정을 살펴보자. 여기서 다루는 디자인싱킹 도전 과제는 "어떻게 하면 슈퍼마켓에 오는 고객의 충성도를 높일 수 있을까?"이다. 디자인싱킹 컨설턴트는 사람들이 왜 슈퍼마켓에 오는지에 대한 질문을 가지고 고객들을 직접 만나 인터뷰를 실시하였다.

〈표 3.6〉 고객의 니즈와 통찰 발견 과정 예시

<table>
<tr><th>도전과제</th><th colspan="3">슈퍼마켓 이용 고객의 충성도 높이기</th></tr>
<tr><td>인터뷰</td><td colspan="3">디자인 컨설턴트: "가장 최근에 슈퍼마켓에 왔던 경험에 대해 얘기해주세요."
고객 피터슨씨: "네. 어제 아침에 일어나서 냉장고를 열어보니까 매일 구입하는 신선한 빵이 없다는 걸 알았어요. 그래서 집에서 나와 빵을 사러 슈퍼에 갔어요. 우리 집은 슈퍼에서 오른쪽 코너로 돌면 바로 그 앞에 있는 집이에요."
디자인 컨설턴트: "냉동 빵을 사서 집에서 구워먹는 건 어떠세요? 그게 더 편하지 않나요?"
고객 피터슨씨: "저도 그렇게 생각해요. 하지만 그렇게 하면 아침에 제가 해야 할 일이 아무 것도 없어요. 슈퍼마켓에 매일 빵을 사러 가는 것은 제가 매일 밖으로 나가는 이유가 될 수 있고, 이렇게 해야 신선한 공기도 마실 수 있잖아요."</td></tr>
<tr><td rowspan="7">문제 정의문
(통찰)</td><td colspan="2">고객/Persona</td><td>2명의 딸, 1명의 아들, 5명의 손주를 둔 75세의 혼자 사는 할머니</td></tr>
<tr><td colspan="2">니즈
(동사, 행동으로 표현)</td><td>식료품을 살 필요가 있다.</td></tr>
<tr><td colspan="2" rowspan="3">피상적인 이유</td><td>매일 신선한 구운 빵을 아침식사로 하기 위해서</td></tr>
<tr><td>가족이 집에 방문했을 때 그들을 잘 먹이고 싶다.</td></tr>
<tr><td>상품에 대한 정보를 점원으로부터 직접 얻기 위해서</td></tr>
<tr><td colspan="2" rowspan="2">통찰</td><td>그녀는 사실 특별히 할 일이 없기 때문에 매일 외출할 목적이 있는 것을 즐기기 때문이다.</td></tr>
<tr><td>그녀는 가족이 아직도 자신을 중요한 존재라고 느끼기를 원하기 때문이다.</td></tr>
</table>

"우리가 어떻게 하면 ~?"(HMW)이란 형식의 질문 만들기

"우리가 어떻게 하면 ~?"(How might we: HMW)이라고 시작하는 질문은 브레인스토밍을 하기 위해 흔히 사용된다. 브레인스토밍을 실시하기 위해서는 3~5개의 질문들을 선택하는 것이 좋다. 이때 가장 많은 아이디어를 얻을 수 있고, 팀원들에게 흥미를 부여할 수 있으며, 제시된 문제를 해결하는 데 바람직한 질문을 선택하는 것이 좋다.

다음에 제시된 문제 정의문에서 도출된 통찰을 "우리가 어떻게 하면 ~?" 식의 질문으로 바꾸어 보자. 여기에서 HMW 형태로 만든 문장 중, 문제해결에 가장 적합한 질문을 선택해 보자.

〈문제 정의문 예시〉

고객(이름)	농촌에 사는 사람들은
고객의 니즈	안정적으로 소득을 얻는 것이 필요하다.
통찰	- 소득의 절대 수준이 낮기 때문이다. - 농촌의 경우 기반 시설이 부족하다. - 자녀 교육 여건이 잘 되어 있지 않다. - 불안정한 수입 구조를 가지고 있다. - 고령화 문제가 있다. - 젊은 사람들의 관심이 부족하다. - 폐쇄적이다. - 농산물 가격이 너무 탄력적이다. - 가치관이 보수적이다. - 새로운 것에 대한 두려움이 있다. - 농민들 간의 네트워크가 부족하다.

위에서 도출된 통찰을 HMW 문장으로 전환하면 다음과 같이 변형시킬 수 있다.

- 어떻게 하면 농촌의 기반 시설을 발전시킬 수 있을까?
- 어떻게 하면 농촌 자녀들의 교육 여건을 개선할 수 있을까?
- 어떻게 하면 농촌에 대한 젊은이들의 관심을 끌 수 있을까?
- 어떻게 하면 농촌의 폐쇄성을 해결할 수 있을까?

- 어떻게 하면 농산물의 가격을 안정시킬 수 있을까?
- 어떻게 하면 농촌에 사는 사람들로 하여금 새로운 것에 대한 두려움을 없앨 수 있을까?
- 어떻게 하면 농민들 간의 네트워크를 형성할 수 있을까?

인터뷰 결과에서 문제 정의문을 작성하고 그 다음 HMW 문장으로의 전환하는 과정을 잘 나타내 주는 예시를 소개하면 다음과 같다.

인터뷰 결과

저는 직장을 다니는 30대 남성을 인터뷰했습니다. 그는 회사 일이 바빠서 가족들과 보내는 시간이 부족합니다. 그는 아내의 가사 일을 도와주거나 자녀들과 놀아주지 못한다는 점에서 미안해 했습니다. 특히 가족에게 문제가 생겼을 때에도 제대로 챙겨주지 못한다는 점을 안타까워 했습니다. 그는 가족들과 자주 만나지 않으면 멀어질 것이라고 생각합니다. 그는 자녀들에게 선물을 주면 행복할 것이라고 말했습니다. 현재 가족들은 인천에 있고 그는 대구에서 일을 합니다.

문제정의문

직장을 다니는 남편은(사용자)
가족들과 함께 시간을 보낼 방법이 필요하다.(니즈)
왜냐하면
그는 가족을 챙겨주지 못해 걱정스러워한다.
아내의 가사 일을 도와주고 자녀들과 놀아주지 못해서 미안해한다.
그는 가족들과 자주 만나지 않으면 멀어질 것이라고 생각한다.
자녀들에게 선물을 주면 행복해 할 것이라고 생각한다.
가족들은 인천에 있고 그는 대구에서 일을 한다.

HMW 문장 전환 및 선택

1. 어떻게 하면 가족에게 문제가 생겼을 때 챙겨줄 수 있을까?
2. 어떻게 하면 가족들에 대한 미안함을 덜 느낄 수 있을까?
3. 어떻게 하면 가족들을 자주 만날 수 있을까?
4. 어떻게 하면 자녀들이 기뻐할 선물을 줄 수 있을까?
5. 어떻게 하면 가족들과 가까이서 일을 할 수 있을까?

문제 정의문을 작성해 보고 "어떻게 하면?" 질문으로 바꾸어보는 연습을 할 때 다음과 같은 실습 자료 양식을 활용할 수 있다.

____________________ 은(는) ____________________

고객의 이름 고객의 니즈

________________________________ 할 방법이 필요다.

왜냐하면

통찰을 적으세요.

다음 칸에 "어떻게 하면?" 질문들을 만들어서 그 중 바람직한 것 선택하기

chapter 4

공감하기(empathize) : 제1단계

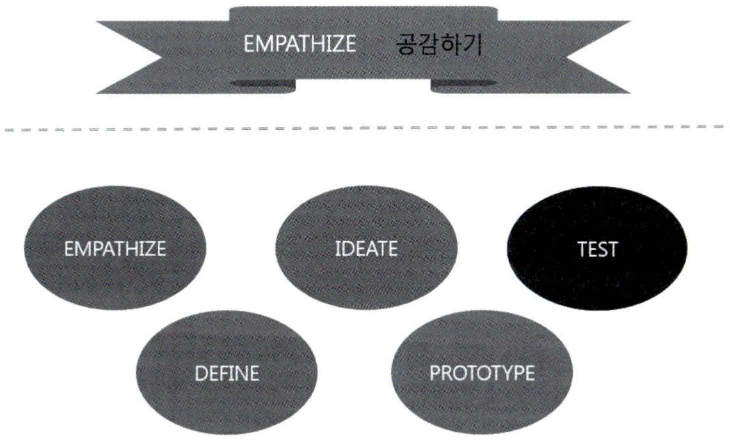

공감하기는 확산적인 단계입니다.

"의미 있는 이노베이션을 하기 위해서는 고객을 이해하고, 그의 가치, 행동 그리고 생활방식에 관심을 가져야 한다."

제4장에서는 앞에서 다룬 디자인싱킹의 특성(제3장 참조)을 좀 더 체계적이고 또 심층적으로 살펴보기로 한다. 일부 중복되는 측면도 있지만 재차 강조함으로써 디자인싱킹 프로세스에 더욱 친숙해질 수 있을 것이다.

4.1. 공감이란 무엇인가?

공감은 인간 중심(Human-centered)을 원칙으로 하는 디자인 사고(思考)의 핵심이다. 디자인싱킹을 통해 해결하고자 하는 문제는 대체로 우리 자신이 가지고 있는 문제라기보다 특정한 고객들에 집중된 문제이다. 따라서 올바르고 가치 있는 진짜 문제(real problem)를 찾아내기 위해 사용자, 고객, 유저에 대한 깊은 이해가 필요하다.

공감이란 디자인 과제와 그 맥락에 대한 파악을 위해 고객이 가진 진짜 문제를 철저히 이해하는 과정을 의미한다. 공감을 통해 고객을 심층적으로 파악하려는 것을 의문문의 형태로 나타내면 다음과 같다. "왜 그런 행동을 하는가? 신체적 및 정서적으로 필요로 하는 것(needs)은 무엇인가? 니즈는 어느 정도이며 또 왜 그러한가? 고객은 세상을 어떻게 보고 또 생각하고 있는가? 고객에게 의미 있는 것은 무엇인가? 고객이 말로 표현하지 못하는 숨은 욕구(needs)는 무엇인가?"

공감은 고객이나 사용자들을 진정으로 이해하고 파악하기 위한 제반 시도와 노력을 말한다. 고객이 말하는 것과 실제로 행동하는 것은 가끔 다를 수 있다. 사람들이 항상 생각하고 말하는 대로 행동하는 것은 아니다. 이것이 바로 사람들이 실제 행동하는 것을 관찰하고 또 필요로 하는 것을 구분해서 찾아내야 하는 이유에 해당된다.

공감한다는 것은 다른 사람에게 미안한 마음을 가지거나 다른 사람과 비슷한 감정을 느끼는 것, 다른 사람을 동정하는 것과는 다르다. 이 경우는 동감(Sympathy)에 해당된다. 공감은 관찰하고, 질문하고, 고객의 입장에서 체험하면서 고객이 느끼는 것과 동일하게 느끼는 것이다.

공감 능력은 구체적이거나 추상적인 대상을 고객의 눈을 통해서 보고, 이들이 보여주고 있는 행동의 이면을 간파해내는 능력이라고 할 수 있다. 공감 능력을 기르기 위해서는 자신이 이미 품고 있는 생각은 잠시 유보하고, 있는 그대로의 진실(as it is)에 접근하려는 노력이 필요하다. 공감은 사용자만이 문제해결의 열쇠를 가진다는 사실에 기반을 두고 있다.

4.2. 왜 공감이 중요한가?

디자인싱킹을 하는 사람은 해결하고자 하는 문제를 자신의 관점에서 보아서는 안 된다. 그 이유는 문제 해결의 열쇠를 쥐고 있는 것은 본인이 아니라 고객, 즉 사용자이기 때문이다. 따라서 문제는 어디까지나 사용자에게서 도출되어야 한다. 이때 극단적인 사용자(extreme user)의 문제도 포함될 수 있다. 결국 고객을 위해서 디자인한다는 것은, 당사자인 고객에게 중요한 것이 무엇인가를 이해하고 파악하는 데서부터 출발한다.

우리는 고객들이 하는 언행이나 주변 환경에 대한 이들의 반응을 관찰함으로써 고객이 하는 생각, 가치관 그리고 느끼는 감정 등을 파악할 수 있다. 그렇게 함으로써 고객의 니즈(Needs)를 진정으로 파악할 수 있을 뿐만 아니라, 고객이 말로는 표현하지 못하지만 속으로 가지고 있는 니즈도 포착할 수 있다. 혁신적인 해결책을 제시하기 위해서는 고객 행동의 기저를 이루고 있는 가치에서 비롯되는 문제를 도출하는 것이 중요하다.

그런데 고객에 대한 문제를 통찰(인사이트)을 통해서 발견하는 것은 생각보다 훨씬 더 어렵다. 왜 그럴까. 그 이유는 우리가 여러 가지 정보를 인식하고 처리하기 이전에 우리들의 의식이 벌써 자동적으로 필터링 작용을 하고 있기 때문이다. 따라서 우리는 어린 아이와 같은 '눈으로' 사물을 '새롭게' 보는 방법을 학습할 필요가 있다.

공감 단계는 이 같이 신선한 눈길로 문제에 접근하는 단계이다. 신선한 눈길로 사물을 보는 것은 편견, 선입견, 고정관념을 배제한 관찰을 통해서만 가능하다.

우리는 직·간접적인 질문을 통해 지금까지 인식하지 못한 고객의 사고방식이나 가치관에 대해서 많은 정보를 획득할 수 있다. 심층적인 질문을 통해 고객이 가진 문제에 대해 전혀 예기치 못한 통찰(insight)을 발견하고 놀라는 경우 역시 드물지 않다.

고객의 행동이 전해 주는 스토리와 그가 행하고 있다고 말하는 것(실제로는 하고 있지 않지만), 세상에 존재하는 수많은 대상에 대해서 고객이 믿고 있고 또 가치를 부여하는 것 등은 공감을 통해서만 얻을 수 있다. 왜냐하면 공감이야말로 고객이 가진 가치관을 확실히 이해하는 출발점이 되기 때문이다.

대상을 어린아이의 눈으로 보자(스탠포드 dschool에서)

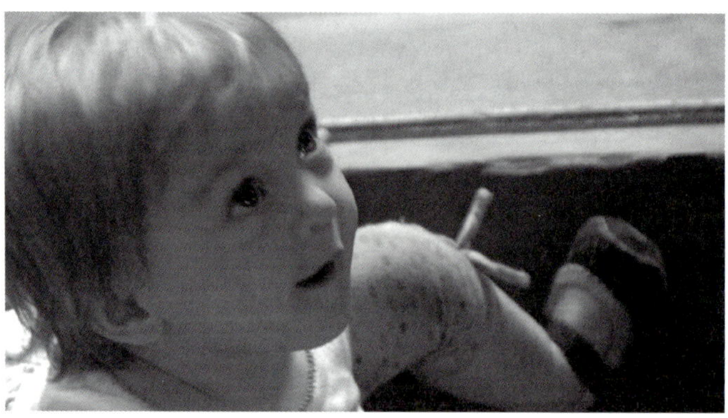

4.3. 공감은 어떻게 하는가?

공감하는 방법으로는 관찰(look, observation), 질문(ask, interview), 체험(try, immerse) 등 크게 3가지로 나눌 수 있다. 우선 체험은 고객이 하는 경험을 우리가 직접 해 보는 것이다. 관찰은 실생활 속에서 드러나는 고객의 모습과 행동을 유심히 살펴보는 것이고, 질문은 계획된 만남을 통해 교류하고 인터뷰하는 것을 말한다. 질문을 하면 고객이 인지하고 있거나 혹은 인지하지 못하지만 필요로 하는 사항을 찾아낼 수도 있다. 이때 심층 질문은 혁신을 위한 행동을 이끌어내고, 디자인을 해 주어야 할 고객을 확인해 주기도 하고, 행동으로 이끄는 감정이 어떤 것인가를 찾아내기도 한다.

관찰하기

고객을 둘러싼 환경에 대한 전반적인 것을 살펴본다. 고객의 집을 방문하거나, 근무하는 직장을 찾아가서 관찰하는 것은 대단히 좋은 방법이다. 왜냐하면 집이나 직장에서는 고객이 평상시에 하는 행동이 자연스럽게 나타나기 때문이다.

그렇지 않은 경우에도 적절한 장면이 나타나면 이를 관찰한다. 이때 가장 유력한 방법은 말이나 행동에서 도출되는 모순에 주목하는 것이다. 예컨대 말로 표현하는 내용이 얼굴 표정이나 행동과 일치하지 않는 경우는 상호 모순이 되는 좋은 사례이다. 이는 고객을 이해하는 주요한 단서가 되기 때문에, 이를 중심으로 질문하는 것은 좋은 방법이라 할 수 있다.

또 고객이 생각은 하면서도 행동으로는 나타내지 않는 것에 대해서도 주목한다. 왜냐하면 여기에서 고객을 이해할 수 있는 놀랄 만한 단서를 발견할 수 있기 때문이다. 고객과 대화하는 중에 특별한 정보가 언급되는 경우도 있다.

질문하기

디자인싱킹은 “문제 해결의 방법(how to solve)”을 찾는 것보다 “올바른 질문(right question)”을 도출하는 것에 가장 큰 가치를 둔다. 이때 올바른 질문이야말로 해결하여야 할 것이 무엇이고(what to solve), 왜 해결하여야 하는 문제(why to solve)인지를 알게 해 주는 촉매 역할을 하기 때문이다.

이를 수행하기 위해서 먼저 질문 내용을 준비하고 대화를 진행하면서 고객의 반응에 따라 그 밖의 추가적인 질문을 하는 것이 바람직하다. 대화는 자연스러운 상태에서 서로가 친밀한 유대 관계, 즉 라포(Rapport)를 형성하면서 실시한다.

고객으로부터 대답을 이끌어 낼 때 “왜” 그렇게 했는지에 대해 물어봄으로써 더욱 깊은 의미를 밝혀낼 수 있다. "왜"(Why)를 다섯 번 묻고 이에 대한 각각의 답변을 얻으면 거의 모든 의문을 해소할 수 있는 대답이 나온다. 고객에게 적극적으로 질문을 하는 것은 짧은 대화 또는 긴 대화에서도 고객에 대한 파악을 하는 방안이 된다.

나아가 장시간에 걸친 계획적인 대화를 하는 것은 고객 자신이 무의식적으로 숨기고 있는 니즈(Needs)까지 성공적으로 알아낼 수 있는 방안이다. 우리는 이러한 방법을 '인터뷰'라고 말하지만, 이는 차라리 '대화'라고 하는 것이 더 정확하다. 이때 반드시 고객이 처한 맥락과 상황을 고려한 인터뷰(contextual interviewing)를 실시하는 것이 필요하다.

질문은 추후에 예상치 못한 문제 해결의 실마리를 줄 수 있다. 따라서 질문은 가급적 이해관계자(stakeholder)들을 참여시키고 다양한 관점에서 만들어내는 것이 바람직하다.

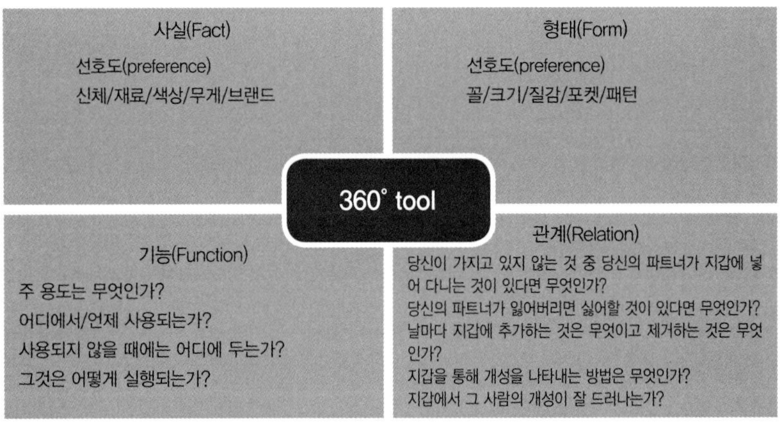

[그림 4.1] 지갑 만들기 360도 tool (질문 체크리스트)

질문에 대한 체크리스트를 작성하는 것은 의미 있는 일이 될 수 있다. 질문을 보다 깊고 다양하게 파고들기 위한 체크리스트 방법 중의 하나로 '360° 툴(Tool)'이라는 것이 있다. 스탠포드 d.school에서 실습시 사용하는 "지갑에 대한 경험"을 인터뷰하는 데 사용하는 360° 분석 도구(tool)를 예시로 살펴보면 위의 그림과 같이 나타낼 수 있다.

관찰과 질문의 적절한 통합

공감을 위해서는 맥락에 맞는 통합이 필요하다. 또 "관찰"과 "질문"을 잘 조합해야 한다. 고객이 특정한 행동, 얼굴 표정 등의 신체적 반응을 보여 줄 경우, 그렇게 하는 이유를 물어본다. 나아가 고객이 어떤 작업을 하면서 대화를 하는 경우 머릿속으로 생각하고 있는 것이 무엇인지를 질문하고 말로 설명해 달라고 부탁한다. 또 말 대신에 어떤 일을 하는지 실제로 보여 달라고 요청한다.

고객의 집이나 직장에서 인터뷰를 하게 되면 그 외의 장소보다 많은 스토리를 얻을 수 있는 추가적 효과를 가질 수 있다. 따라서 대화는 가급적 고객의 집이나 직장 사무실에서 하는 것이 바람직하다. 특히 심층 질문을 할 수 있도록 분위기를 조성하는 것은 대단히 중요하다.

우리가 흔히 사용하는 설문지, 구조화된 인터뷰 – 전화 및 인터넷 인터뷰 포함 – 등의 양적 접근법(Quantitative approach)은 장점도 많지만 동시에 단점도 많다. 예를 들어 만일 우리가 남태평양 파푸아 뉴기니아에 사는 원주민의 행동과 이들의 문화를 연구하는 경우 언어나 관습이 전혀 다르기 때문에 양적 접근법으로는 전혀 도움이 되지 못한다. 이 문제를 최초로 해결한 영국인이며 후에 Yale대학 교수로 현대문화 인류학의 새로운 영역을 개척한 말리노브스키(Malinovsky)가 사용한 에스노그라피(Ethnography(민족지학))는 질적 접근법(Qualitative approach)으로 양적 접근법들이 밝혀 내지 못하는, 연구대상자가 가진 감성적, 내면적 그리고 무의식적인 측면도 밝혀낼 수 있었다. 그는 이 방법을 참여관찰법(Participative Observation)이라 하여 기존 인류학 주류를 형성하든 안락의자 인류학(arm chair anthropology)를 강력히 비판하였다. 언어와 습관이 다른 새로운 고객층이나 사용자에 대해 파악할 경우에도 이 방법은 유용하다.

체험하기

공감의 가장 강력한 방법은 체험하기(immersion)이다. 예컨대 환자 경험을 직접 체험하기 위해 병원 응급실을 통해 3일간 입원한 IDEO 디자인싱킹 팀장은 체험하기의 좋은 예에 해당된다. 그는 입원 절차로부터 병실간의 이동, 끝없는 대기시간 등을 모두 비디오카메라에 담았다. 몸이 불편한 사람, 또 고령자로 신체가 자유롭지 못한 사람들의 일상생활을 자신이 직접 체험하기 위해 2년간 미국·캐나다 100여 개 도시를 85세 노인으로 분장하고 다닌 패트리시아 무어박사의 경우는 체험하기의 하이라이트라 할 수 있을 것이다.

공감을 위한 질적 접근법

관찰하고, 질문하고, 기록하는 질적 접근법이, 우리가 통상 익숙한 양적 접근법보다 더 많은 사실을 파악하게 해 준다. 다음에 공감을 하기 위한 방법으로 활용할 수 있는 질적 연구법을 몇 가지 소개하고자 한다.

▶ 에스노그라피(ethnography(민족지학))

에스노그라피(ethnography(민족지학))란 사람이나 민족을 뜻하는 'ethno'와 기록하거나 쓰는 것을 뜻하는 'grapho'로 이루어진 단어로, 문자 그대로 해석하면 "사람에 대한 기록"(writing about people)이다. 민족지학은 그룹, 팀, 조직 및 공동체 내에서 발생하는 사회적 상호 작용, 행동 및 인지에 대한 연구라고 할 수 있다.[13]

사람과 문화에 대한 체계적인 연구를 처음 실시한 말리노브스키(Malinovsky) 교수는 20세기 초 파푸아뉴기니에 가서 원주민을 연구하면서 참여 관찰(participant observation)을 적용하였다. 그 당시까지 학계를 지배하고 있던 식민지에 파견된 관리가 본국으로 돌아와서 하는 보고서 또는 선교사들이 귀국 후 발표한 내용을 중심으로 현지 원주민을 이해하거나 파악하던 "안락의자 인류학(arm chair anthropology)"에 대해 대혁명을 이룩하였다.

그 당시 문화 인류학은 영국이 식민지를 대상으로 활발하게 연구하고 있었다.

13_ Bruce Nussbaum, Business Week, June 19, 2006. p.10. 참고

현대 사회 인류학을 정립한 말리노프스키의 연구법은 면밀한 관찰, 인터뷰, 자료 분석 등의 정성적 방법을 토대로 특정 사회 시스템 안에서 사람들의 사회생활 습관과 관습 그리고 제반 문화를 설명할 수 있는 데이터를 수집하는 데서 출발한다. 또 에스노그래피를 활용하면 일상적 환경에서 사람들이 보여 주는 행동 유형을 알 수 있다. 에스노그라피는 세밀한 관찰과 인터뷰 자료의 축적을 통해 사람들이 생활하는 장소와 이를 둘러싼 주변 환경(즉 경치, 소리 등)은 물론 그들의 관점에서 하는 행동에 대한 풍부하고 총체적인 통찰력을 제공한다.

현대에 와서 양적 연구가 가진 한계를 보완하기 위한 질적 연구 방법으로 에스노그라피가 비즈니스 맥락에도 사용되고 있다. 즉 고객/사용자의 명확히 표현되지 않은 요구 사항, 사용 패턴, 관점을 찾아내고, 이들을 해석·이해하는 데 이 방법이 활용되고 있다. 한 가지 좋은 연구 사례로 "사람들이 왜 보드카를 즐겨 마시는가?"라는 에스노그라피 연구를 한 컨설팅회사에서 실시하였다. 이는 후에 "술 마시는 행동에 관한 연구"로까지 확대되었다. 이처럼 질적 연구는 최종 사용자나 고객이 사용 조건에서 제품이나 서비스와 어떻게 상호작용하는지를 관찰하는 데 유용하다.

한편 고객의 잠재된 욕구, 즉 고객조차 의식하지 못하는 숨은 욕구를 찾는 데 현장연구는 큰 도움이 된다. 현장 관찰은 인터뷰만으로는 부족한 부분을 채워 주는 강력한 보완책이다. 이를 시행할 때, 보는 것과 기대하는 것의 불일치가 감지되면 더 깊게 파고들라는 신호로 이해할 수 있다.

▶ 카노(Kano)모델: 고객니즈 분석법

아래의 [그림 4.2]의 카노(Kano)모델은 고객이 가진 요구 사항에 대해 우선 순위를 정하는 데 도움이 된다. 품질관리이론가인 노리아키 카노(Noriaki Kano)가 제안한 '카노모델(Kano model)은 고객의 만족도와 제품이 품질 간의 상관관계를 나타내 주는 그림으로, 고객의 요구사항을 시각적으로 분류할 때 유용하게 사용할 수 있다. 이제 카노(Kano)교수가 제시하고 있는 고객의 니즈(Needs)와 제품이나 서비스와의 관계를 살펴보자.

FIGURE 3.5
Kano Diagram

[그림 4.2] Kano모델

우선 X축은 현실에 입각한 고객(사용자)의 기대수준을 나타내고 Y축은 고객만족 수준에 대한 지각을 제시한다. 곡선 ①은 고객의 입장에서 당연히 기대하는 니즈로 필수조건(must-be)에 해당된다. 즉, 당연히 그렇게 되어야 되고 만일 그렇지 못하면 불만이 나타난다. 예컨대 우유팩으로 사용하는 종이 용기가 새지 않으면 당연하지만, 만일 그 용기가 샌다면 이는 불만족을 하게 된다. 곡선 ②는 고객의 니즈가 충족되면 만족이 증가하지만, 만일 충족되지 못하면 불만이 증가하게 된다. 곡선 ③은 기쁨이나 흥분을 주는 것으로 고객 니즈가 충분히 충족되면 만족을 하게 되지만 만일 충족되지 않은 경우에도 불만족은 없다. 특히 곡선 ③은 흥분되게 할 만큼(exciting) 고객의 요구 사항을 만족시키는 방향으로, 제품의 성능을 향상시킬 때 품질에 대한 고객 만족도는 극적으로 높아지는 것을 보여 준다. 이처럼 고객의 요구 사항의 특성을 이해하는 것은 일의 우선 순위와 제품이 주는 성과를 정하는 데 필요하다. 고객의 요구 사항을 반영하는 우선 순위는 경쟁 제품의 조사 결과 발견된 고객의 기초 요구 사항, 고객과 공감하기로부터 찾아낸 표현되지 않은 요구 사항(unspoken), 설문 조사 결과 찾아낸 높은 순위의 요구 사항

(spoken), 고객의 흥분을 불러일으킬 만한 요구 사항, 즉 고객이 즐거워할 요구 사항(exciting) 등과 같은 순서로 구분할 수 있다.

공감을 위한 기법

사용자 관점에서 혁신은 어떻게 이끌어낼 수 있을까? 혁신은 사용자의 필요(needs)를 정확히 파악하는 데서 시작된다. 사용자의 필요를 알기 위해서는 그들의 생각, 감정, 동기에 대한 공감적 이해가 필요하다. 그 이유는 사용자들이 보여 주는 선택과 행동의 기저에 깔려 있는 동기나 감정을 이해해야만 그들의 필요를 알고 충족시켜 줄 수 있기 때문이다.

인터뷰를 통해서 사용자의 생각 및 감정을 파악할 때 그 순서는 1) 자기 소개, 2) 프로젝트 소개, 3) 친밀감 및 라포(rapport) 형성, 4) 스토리 전개, 5) 감정 탐색, 6) 질문하기, 7) 감사 인사 및 마무리로 이루어진다. 인터뷰를 진행할 때, 특히 감정 탐색 단계에서 에너지가 가장 많이 소모된다. 그 다음으로는 스토리 전개, 질문하기, 친밀감 형성 등의 순서로 노력이 많이 요구된다.

인터뷰는 초면에 만나서 진행하는 경우가 많다. 따라서 인터뷰 대상의 가용 시간 여부, 건강상태, 안전, 사생활, 그리고 자존심 등을 고려해야 한다. 인터뷰 진행 과정에서 반드시 인터뷰 대상자가 존중받는다는 느낌을 받도록 하여야 한다. IDEO에서 개발한 인터뷰 시 고려해야 하는 다음의 사항들은 인터뷰 진행에 좋은 지침으로 활용될 수 있다.

- 예의를 갖추고 접근한다.
- 인터뷰를 하는 당사자 자신, 인터뷰의 의도, 그리고 조사할 내용들에 대하여 먼저 소개한다.
- 참가자들에게 감사 및 보답 차원의 사례나 선물을 제공한다.
- 고객, 즉 사용자로부터 얻는 정보를 어떻게 사용할 것인지 그리고 그것이 왜 중요한지를 설명한다.
- 사진이나 비디오 촬영을 해도 좋은지 양해를 구한다.

- 수집한 모든 정보는 대외비로 처리한다.
- 답변을 거부할 수 있고 인터뷰를 언제라도 중단할 수 있다고 알려 준다.
- 판단은 하지 않는, 편안하고 즐거운 분위기를 유지한다.

▶ 스토리 공유 및 포착(Story Share-and-Capture)

관찰한 결과를 팀원들과 공유하여 사용자에 대한 이해를 높이는 방법으로 스토리 공유 및 포착(Story Share-and-Capture) 기법이 있다.

이때 관찰한 내용과 공감 과정 중에 자신이 보고 들은 스토리를 팀원들과 공유한다. 내용을 공유할 때 팀원들은 포스트잇에 인용할 만한 내용, 놀라운 내용, 흥미로운 내용 등을 적는다. 기록한 포스트잇들은 공간을 채워나가는 재료가 되는데 이것을 주제와 패턴별로 분류할 수 있다.

이런 방법을 통해 팀원들은 사용자들에게 어떤 일이 벌어지는지에 대한 이해를 하게되고, 사용자가 어떤 사람인지, 그리고 원하는 것이 무엇인지를 파악할 수 있다.

▶ 저니맵(Journey Map, 체험 여정) 및 페르소나(Persona) 작성

서비스를 디자인하기 위해서는 고객이 서비스를 이용할 때 무엇을 경험하는지를 아는 것이 중요하다. 사용자의 경험을 알기 위해 '체험 여정', 즉 'Journey Map'을 활용할 수 있다. 저니맵은 특정인의 행동과 실제 활동을 따라가면서 시간대별로 기술하는 방법이다. 이때 모든 행위를 시간대별로 또 순차적으로 "만족 또는 불만족" 혹은 "좋음 또는 나쁨" 등으로 구분하여 그래프에 표시할 수 있다. 저니맵을 활용하면 고객이나 사용자가 서비스를 경험하는 과정을 한눈에 볼 수 있다

고객이 서비스를 경험하기 위해 여정이 시작되는 순간부터 전체 과정이 종료되어 마지막으로 집에 도착하는 순간까지, 일어나는 모든 이벤트를 꼼꼼하게 기록하도록 부탁한다. 그 후 디자이너들은 고객이 그린 '저니맵'을 가지고 심도 있는 인터뷰를 진행한다. 이때 고객의 '감정'에 집중하면 고객이 무엇을 원하고 있는지에 대한 통찰을 얻을 수 있다. 특히 감성과 관계되는 터치 포인트로부터 뜻밖의

통찰을 얻을 수 있다. 특정 시간에 특정한 상황에서 바람직하지 않은 일이 발생한 것을 포착하게 된다면, 이것을 문제로 정의할수 있다.

저니맵을 작성하는 좋은 사례가 고객이 휴가차 여행을 가는 경우를 들 수 있다. 특히 해외여행에는 1) 여행에 대한 정보 수정 2) 여행지 결정 3) 항공편 예약 4) 현지로 출국 5) 항공기 내 서비스 체험 6) 현지 도착 후 호텔로 이동 7) 호텔 체크인 등 약 18가지의 터치 포인트가 있다. 이들 각각이 얼마나 고객에게 만족을 주는가가 저니맵에 나타난다.

다음의 그림은 야구 경기장을 자주 찾는 고객[그림 4.3]과 혼자서 영화 관람을 즐기는 고객[그림 4.4]의 저니맵을 사례로 제시한 것이다.

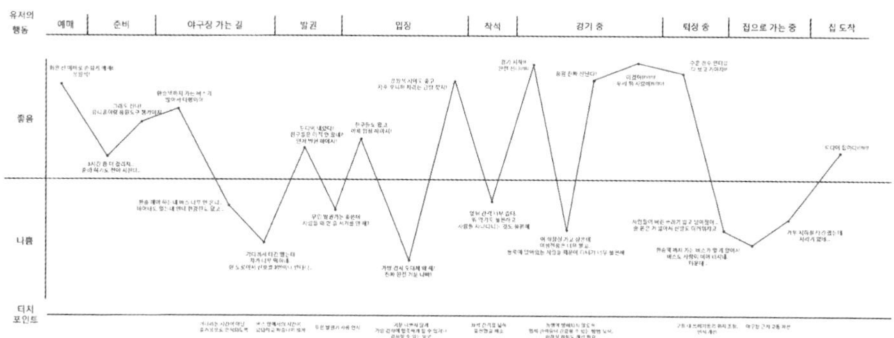

[그림 4.3] (야구장을 찾는 고객) 저니 맵(Journey Map)

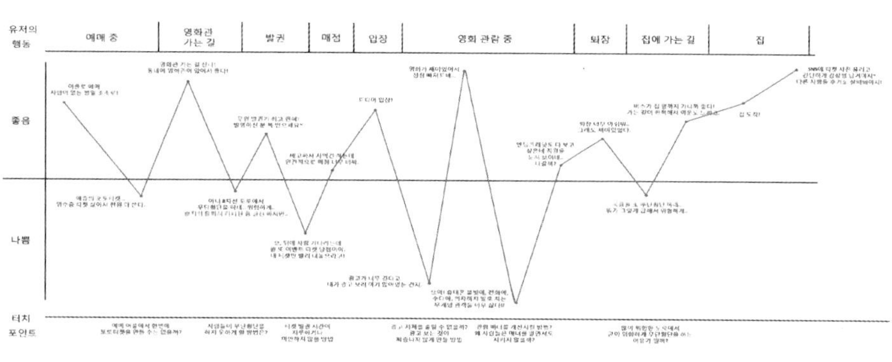

[그림 4.4] (혼자서 영화를 관람하는 고객) 저니 맵(Journey Map)

▶ 페르소나

저니맵과 함께 고객으로부터 더 많은 정보를 얻어낼 수 있는 방법의 하나는 '페르소나(persona)'의 작성이다.

'페르소나'는 제품이나 서비스에 관계된 고객에 대한 정보를 포함한다. 즉 고객의 이름, 나이, 직업, 학력, 결혼 여부, 가족관계, 취미, 좋아하는 것, 싫어하는 것 등과 평소에 하는 생각, 신념, 감정 등을 간략하게 정리하는 방법이다. 페르소나는 실제 사용자를 관찰한 데이터를 모델링하는 기법이다. 작성 방법에 특별한 규칙은 없지만 아래와 같이 작성한 예시를 참고할 수 있다. 먼저 고객에 대한 간단한 신상 정리와 성격 등을 사진 아래에 적어 놓는다. 다음에는 그밖에 추가적인 내용을 기록한다.

1) 고객의 행동과 발언 그리고 실제하는 행동에서 재미있는 것, 놀라운 점, 인용할 만한 내용 등을 적는다.

2) 감정에는 정서적 흐름이 변화한 시점을 포착하여 적는다.

3) 목표와 동기에는 고객이 평소에 가지는 신념, 좌우명, 희망 등을 적는다. 이 항목에서 고객의 동기나 목표가 뚜렷하게 나타나기 때문에 고객 니즈가 어디로 가는지 그 방향성을 파악할 수 있다.

4) 페르소나는 일반적인 사용자가 아닌 극단적인(Extreme) 사용자를 의인화해서 활용한다.

이처럼 페르소나를 이용하면 디자인싱킹 팀원들은 디자인 대상에 대한 공통적인 이해가 가능하다.

아래의 그림은 야구장을 자주 찾는 고객[그림 4.5]과 혼자서 영화 관람을 즐기는 고객[그림 4.6]에 대한 페르소나를 작성한 예시를 보여 준다. 이렇게 페르소나를 작성하면 고객에 대한 정보를 한 눈에 볼 수 있기 때문에, 고객에 대한 체계적인 분석에 매우 유용하다.

야구장을 자주 가고 편안한 것을 좋아하는 야구장 유저의 페르소나

이름: 안유경
연령: 26세 / 직업: 회사원
성격: 편안함을 추구하고 승패에 따라 기분이 달라진다.

①고객의 행동&인용구
많을 때는 한 달에 야구장에 6번도 방문한다.
"TV로 경기를 보는 것도 재미있지만 현장의 분위기를 느끼면서 응원하는 재미가 더 커요. 오랜만에 친구들도 만나고요."
응원할 수 있는 자리를 선호하는데 최적의 자리는 응원석 맨 뒤에 위치한 테이블석이고 유저와 친구들 모두 가장 선호하는 자리이다.
만약 예매를 늦게 해서 자리가 없을 때는 싸고 응원할 수 있는 응원석보다는 좀 더 비싸지만 편하게 앉아 맛있는 것을 먹으며 즐길 수 있는 다른 테이블석을 예매한다.

②감정: 어떤 상황(시간, 장소)에서 감정이 변화하는가?

■ 즐거운 상황

-응원 팀이 이기고 있을 때
-경기 시작 전에 음식 먹는 것

■ 스트레스 상황

-점수가 나지 않을 때
-통로에 앉은 사람들 때문에 관람과 통행이 불편할 때
-쓰레기가 많은 것

③목표와 동기: 현장에서 편하게 경기를 보고 싶다. 가방과 같은 짐을 보관할 곳이 필요하다.

[그림 4.5] 야구 펜의 페르소나

혼자서 영화 관람을 즐기는 20대 대학생의 페르소나

이름: 조수현
연령: 23세 / 직업: 대학생
성격: 번잡한 것을 싫어하고 집중할 때 방해 받는 것을 싫어한다.

①고객의 행동&인용구
보고 싶은 영화가 있을 때 영화관에 가는 편, 좋아하는 배우의 작품이 개봉하면 10번도 본다.
"영화는 자고로 혼자 봐야죠. 같이 간 사람 신경 쓰지 않아도 되고 영화에 집중할 수 있어요."
"조조영화를 볼 때도 아주 가끔만 음식을 먹어요. 솔직히 먹는 것도 영화 관람에 방해돼서 시작 전에 다 먹고 보통은 커피 한 잔만 사서 들어가요. 심야에는 커피대신 맥주를 사고요."
영화를 볼 때 방해 받는 것을 극도로 싫어한다. 그렇기 때문에 평일 오전, 사람이 많이 없는 시간대를 선호한다. 번화가의 영화관은 사람이 너무 많아서 거의 가지 않는다. 다행히 집 근처에 영화관이 두 개나 있고 상영관이 꽉 차는 일이 드물어서 자주 이용한다. SNS에 영화를 봤다는 인증사진을 꼭 올리고 감상을 공유하는 것을 즐거워한다.

②감정: 어떤 상황(시간, 장소)에서 감정이 변화하는가?

■ 즐거운 상황

-상영관에 사람이 몇 명 없을 때
-영화가 재미있을 때
-비슷한 감상을 가진 사람들과 이야기 하는 것

■ 스트레스 상황

-관람 매너를 지키지 않는 사람이 많을 때
-포토티켓이 발급되는 무인 발권기 수가 적은데 그 중 하나가 고장일 때
-자리가 많은데 눈치 없이 옆 자리에 사람이 딱 붙어 앉아있을 때

③목표와 동기: 제발 방해 받지 않고 영화를 보고 싶다.

[그림 4.6] 영화 관람자의 페르소나

〈디자인싱킹 성공 사례: 잔돈 저축하기(Keep the Change)〉

- **착안점**: 현금으로 제품을 구매하는 사람들이 남은 잔돈, 즉 동전을 따로 저금통이나 병에 모아두었다가 가득 차게 되면 은행으로 가지고 가서 예금을 하는 행동에서 착안
- IDEO는 같은 기능을 하는 은행 직불 카드를 고안해냄. 즉, 직불 카드를 사용할 때 원하는 경우 잔돈에 해당하는 1달러 미만의 금액은 예금 계좌에 자동으로 이체되어 적립되는 '잔돈 저축하기(Keep the Change)'라는 예금 상품을 출시함. 이를 통해 고객들은 저축을 더욱 쉽게 할 수 있게 됨
- **개발자**: IDEO와 Bank of America의 프로젝트(2005년)

[그림 4.7] 잔돈 저축하기(Keep the Change) 광고 홍보판

chapter 5

문제 정의(Problem Definition) : 제2단계

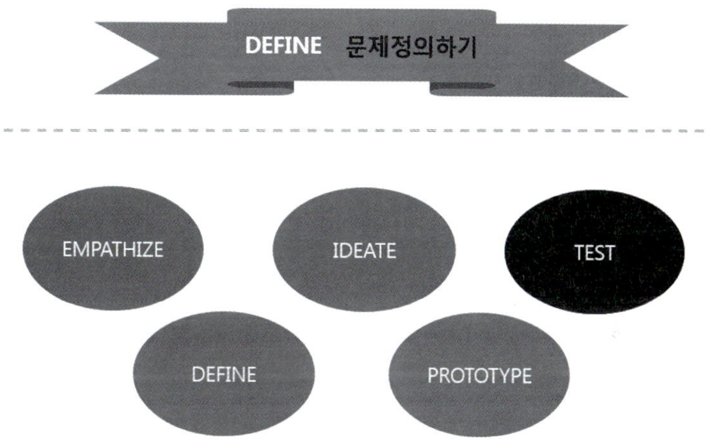

문제정의는 수렴적인 단계입니다.

"바른 문제 정의야말로 올바른 해결책이 태어날 수 있도록 하는 방법이다."

문제 정의란 공감 단계에서 했던 관찰 및 현장 답사 인터뷰 그리고 체험을 통해 발견한 결과물들을 분류 및 통합하여, 올바른 문제를 찾아내는 단계이다. 올바른 문제는 디자인싱킹 팀 자신이 내린 가정이나 입장에 근거한 문제가 아니라, 고객, 즉 문제를 가진 당사자가 실제로 느끼는 문제, 당사자에게 가치가 있는 문제 등을 말한다. 이 단계가 가진 목표는 고객에 대한 깊은 공감과 해결 방법에 추가하여 실제로 행동할 수 있는 구체적인 문제 정의문, 즉 착안점(Point of View)을 계발하는 것이다.

5.1. 해석해 본다

전체적인 이미지를 이해하고 공감 단계에서 획득한 것을 문제 정의로 가져가기 위해서는 관찰하고, 기록하고, 또 질문한 모든 것을 함께 정리할 필요가 있다. 해석 작업은 발견한 것을 동료 팀원과 함께 공유하는 기회이다. 이때 머릿속에 있는 정보 및 지식 그리고 아이디어들을 대형 전지를 이용하여 벽에 붙이고, 그 위에 내용들을 시각화하여 제시하면서 정보들 간의 관계성을 찾아낸다. 이때 고객의 사진을 첨부하고, 포스트잇 등에 고객으로부터 얻은 각각의 정보를 기록하기도 한다.

고객이 한 경험에 대한 지도, 즉 저니맵(Journey map)을 작성하는 것은 내용의 시각화와 정보들 간의 관계성을 파악하는 데 유용한 방법이다. 저니맵은 고객이 실제로 한 경험 여정을 기록하는 것이다. 여기서 유의해야 할 점은 고객에 관련된 인상이나 정보는 아무리 작은 것이라도 빠뜨리지 않아야 한다는 것이다. 이상이 공감 단계에서 문제 정의 단계로 이행할 때 최초로 하게 되는 통합 프로세스라 할 수 있다.

5.2. 문제 정의에 대해서

디자인싱킹에 있어서 문제 정의란, 디자인 대상 및 영역에 대해 일관성을 가지고 해결이 요구되는 문제의 초점을 분명하게 하는 것을 의미한다. 이를 위해 고객 및 주변 환경으로부터 문제를 찾는다. 최종적으로 문제 해결 대상으로 삼는 과제, 즉 챌린지(challenge)를 정의하는 것은 디자인 사고가의 입장에서 보면 기회이고 또 동시에 책임에 해당된다.

주제에 해당하는 문제에 관해서는 누구보다 전문가(엑스퍼트)인 고객으로부터 소중한 공감을 얻은 뒤에 수집한 정보에 대해서 의미를 부여해야 하는데, 이것이 바로 이 단계에서 해야 할 일이다.

5.3. 문제 정의의 목표

문제 정의의 목표는 결국 해결 방안 탐색을 위한 착안점 (point of view)을 찾는 것이라고 볼 수 있다. 왜냐하면 해결해야 할 문제가 무엇인지 명확하게 표현할 수 있을 때, 이를 바탕으로 아이디어를 발상할 수 있기 때문이다. 문제 정의는 고객의 통찰(insight)과 니즈(needs)에, 또 가공인물인 경우에는 이들이 관심을 가지는 대상에 대해 초점을 맞추는 내용이 되어야 한다.

통찰은 연관성이나 일정한 행동 유형(pattern)을 발견하기 위해서 정보를 통합하는 프로세스로부터 나오기 때문에, 문제 정의 단계는 결국 의미 탐색 단계라고 할 수 있다.

이 단계에서는 특히 문제를 명확하게 표현하는 착안점을 찾아내는 데 집중해야 한다. 이때 유념할 것은 고객의 문제 영역에 대해 새로운 이해를 시도하면서, 문제 해결을 위한 과제에 대한 착안점을 정의하는 것이다. 이 경우 유의할 점은 너무 광범위하지 않게 초점을 맞추어 착안점을 정의해야 한다는 것이다. 그렇게 하면 다음 단계인 아이디어 발상에서 양질의 해결책을 만들어내는 데 도움이 된다.

문제 정의는 여기저기에 흩어진 정보를 통합하면서 시도해야 한다. 문제 정의를 위해 대화나 관찰을 할 때 특히 현저하게 나타나는 것이 무엇인지 파악하는 것이 중요하다. 다음과 같은 질문을 제기하고 이에 대한 답을 찾는 것이 도움이 된다.

1) 어떤 유형이 나타나는가?

2) 어떤 것이 재미있는가?

3) 개인이나 팀에게 왜 이런 것이 두드러지게 나타나는가?

고객의 행동과 기분 등에 대해 '왜 그러한가?'를 물어보는 것은 고객뿐만 아니라 그를 둘러싼 상황 및 맥락과의 관계성을 파악하는 데 유용하다. 여기에서 나아가 고객이 어떤 유형의 사람인가를 깊이 이해하는 것도 필요하다. 이런 과정을 통해 고객의 니즈와 도출하고자 하는 고객의 진정한 문제를 통합시킬 수 있다.

이것은 실제 고객이 가진 서로 상이한 니즈를 조합하여 마침내 핵심이 되는 하나의 니즈로 표현하는 과정이 된다. 이 과정은 공감과 조사 작업을 통해서 수집해서 모아놓은 정보를 통합하고 여기에 깊이 숨어 있는 통찰을 표현하는 것이다.

따라서 고객, 니즈, 통찰이라는 세 가지를 조합시키면, 디자인해야 할 과제가 잘 정의될 수 있다. 이는 실용적인 문제 정의문, 즉 착안점이 될 수 있다. 사용자와 문제 상황에 대한 깊은 이해가 가능해지면, 그 이해를 바탕으로 실행 가능한 문제 정의문을 만들 수 있다. 문제 정의문은 특정 사용자가 누구인지, 그들의 니즈는 무엇인지, 그리고 근본 원인 혹은 행동 패턴 등은 무엇인지, 나아가 왜 그러한 니즈를 갖고 있는지에 대한 통찰로 구성된 문장이다.

이러한 문제 정의문은 디자인싱킹 과정동안 디자인싱킹 팀원들이 반드시 유념하고 있어야 한다. 이때 좋은 문제 정의문을 작성하기 위해 충족시켜야 할 조건들은 다음과 같다.

- 문제의 초점과 주변 관계를 제시한다.
- 디자인싱킹 팀에 문제 해결의 동기를 부여한다.

- 경합 관계를 가진 아이디어에 대해 평가 기준을 제공한다.
- 팀원들이 자율적으로 의사 결정을 할 수 있는 힘을 가질 수 있도록 한다.
- 팀원들의 감정과 사고를 파악한다.
- 이때 "모든 사람의 모든 니즈를 만족시키는 아이디어를 창조한다."는 식의 접근법은 배제한다. 모든 사람을 만족시키는 전체적인 통찰이 아니라 통찰을 통하여 특정한 대상의 니즈를 만족시키는 방법을 찾는 것이 바람직하다.
- 문제 정의문은 광범위해서는 안 된다. 그 대신 간단하고, 개별적이고 또 구체적이어야 한다.

5.4. 문제 정의로부터 창조(아이디어 발상)로의 이행

문제 정의 단계에서는 특이하고 유의미한 과제(챌린지)를 결정하고, 그 뒤의 창조 단계에서는 이 과제에 대한 해결책을 제안하는 데 집중한다. 명확하고 좋은 착안점은 자연스럽게 아이디어 발상 단계인 창조 단계로 넘어 갈 수 있다. 아이디어를 발상하는 브레인스토밍의 주제는 주로 착안점으로부터 나온다.

디자인싱킹 과정은 공감 단계, 문제 정의 단계 그리고 아이디어발상 단계로 자연스럽게 이행하는 것이 중요하다. 특히 문제 정의, 즉 착안점을 〈만약에 ~ 한다면 어떻게 될까?; HMW(How Might We~)〉로 바꾸는 아이디어 기술문으로 만드는 것이 필요하다.

다음에 문제 정의문 작성을 위하여 공감 지도를 만들고 니즈와 통찰을 발견해 나가는 일련의 과정을 따라가 보도록 하자.

공감 지도(empathy map) 만들기

문제정의에 중요한 공감지도를 다시 살펴보자. 공감 지도는 인터뷰, 관찰, 체험(또는 참여하기)를 통해 발견한 것과 통찰을 통해 발견한 것들을 분류하고 통합하는 것을 도와주는 도구이다. 먼저 종이 전지나 화이트보드를 4개의 구역으로 나눈다. 현장에서 실시한 고객 대상 인터뷰 내용을 기록하고, 녹음하고, 촬영한 정보를 참고하여 정리한다. 이때 반드시 한 장의 포스트잇에는 하나의 항목만 기록한다. 고객이 한 말, 보여준 행동 등은 Say와 Do란에 붙인다. Think와 Feel은 디자인싱킹 프로세스에 따라 문제 해결을 하는 사람들이 생각하는 것과 느끼는 것을 정리하는 것이다.

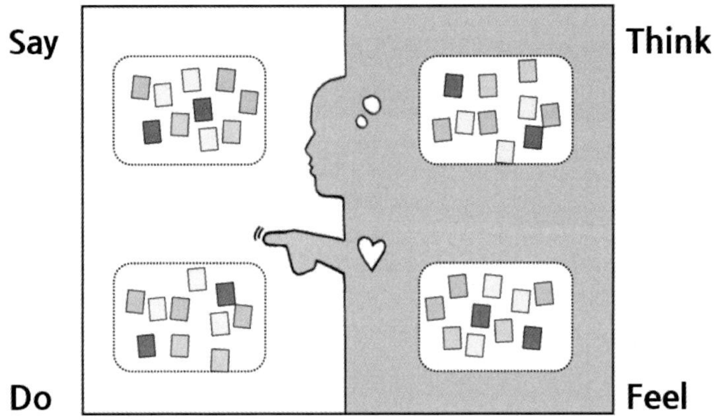

[그림 5.1] 공감 지도의 4개 영역

공감 지도의 4개 영역은 Say, Do, Think 그리고 Feel의 영역으로 구분해서 정리한다. 인터뷰 내용이나 관찰 내용은 포스트잇 색깔에 의해 구분하면 편리하다. 긍정적인 경우에는 초록색, 혼란, 고통, 모순, 당혹감을 불러일으키는 경우에는 빨강색 그리고 중립적인 경우에는 노란색 포스트잇으로 분류하면 후에 정리하기 쉽다.

〈표 5.1〉 공감 지도의 4가지 영역

영역	기록 내용	특성
SAY	고객이 인터뷰에서 말한 내용을 기록함. ~고객이 한 말, 사용한 어휘, 인용문 등은 무엇인가?	인터뷰나 대화한 내용을 정리함
DO	고객을 관찰하면서 주목했던 행동에 대해 기록함. ~고객의 행동, 얼굴 표정, 신체 언어 등에는 어떤 것이 있었나?	
THINK	직접 관찰할 수 없는 고객의 생각이나 신념을 추측해서 기록함. ~고객이 어떤 생각을 하고 있을까? 어떤 생각과 기분으로 말하는 것 같은가?	추론한 내용: 신체 언어, 목소리 및 억양 및 사용한 단어 등 다양한 단서에 주의를 기울여 파악함
FEEL	직접 관찰할 수 없는 느낌이나 감정을 추측해서 기록함. ~고객이 어떤 감정, 기분, 느낌을 가지는 것 같은가?	

공감 지도를 작성하면 고객의 진짜 니즈(Needs)를 찾아내는 통찰을 얻을 수 있다. 니즈는 디자인을 통해 해결해야 하는 과제를 정의하는 필수조건이 된다. 니즈는 명사(해결책)가 아니라 동사(사용자가 가진 욕망, 도움을 요청하는 활동)로 표현된다. 니즈는 주목한 고객의 특성에서 발견하거나, 고객이 말하는 것과 행동하는 것이 서로 불일치하는 데서 발견할 수 있다.

공감 지도의 한 쪽에 고객의 니즈를 기록한다. 다음과 같은 질문을 하는 것은 고객의 진짜 니즈를 발견하는 데 도움이 된다. 즉 "고객에게 무엇이 '진짜' 중요한가? 고객이 말하지 않는 것은 무엇인가? 무엇이 고객을 감동시키는가? 고객의 꿈과 포부는 무엇인가? 고객이 우려하는 것은 무엇인가?"

통찰은 니즈가 발생하게 된 원인을 깨닫는 것으로, 디자인 과제를 더욱 잘 해결하는 데 활용된다. 통찰은 공감 지도에서 고객이 보여주는 속성 사이의 모순에서 나오거나, 또는 문제되는 행동을 알아차렸을 때 "왜?"라는 질문을 던짐으로써 얻을 수 있다. 통찰을 확인하는 방법은 고객이 보이는 긴장, 모순, 단절, 갈등, 불만, 놀라움 등을 포착하는 것이다.

공감 지도의 다른 한 쪽에 잠재적인 통찰을 기록한다. 이때 다음과 같은 질문을 던지면 도움이 된다. "새롭거나 놀랍게 보이는 것은 무엇인가? 또 고객이 진정으로 원하는 것은 무엇인가? 어떤 모순이나 단절이 있는가?" 이 같은 질문을 통하면 고객이 겪고 있는 고충을 이해할 수 있다. 나아가서 "고객의 불만, 두려워하는 리스크, 목표 달성의 장애 요인, 갈등 등은 무엇인가? 예기치 않은 유형, 즉 패턴이 보이는가?, 잠재된 욕구가 보이는가?" 등도 파악할 수 있다.

문제 정의문 작성

문제 정의문은 고객, 고객 니즈, 그리고 통찰의 3단계로 구성된다. 다음 문제 정의문을 살펴보자. "홍길동씨는 ~이 필요하다. 왜냐하면 …하기 때문이다." 이때 사용자 홍길동씨는 문제 정의문의 주어가 된다. 즉, 특정한 고객이 주어로 표현된다. "…이 필요하다."라는 문장은 반드시 동사로 표현되어야 한다. 마지막 통찰은 "왜냐하면 …가 필요하기 때문에"라는 문장으로 그 이유를 나타낸다. 이때 단순히 니즈의 이유가 되어서는 안 되고 니즈가 나타나게 되는 근본적 원인이 제시되어야 한다. 다음은 실제로 도출된 문제 정의문의 예이다.

〈표 5.2〉 문제 정의문 작성 예시

디자인 과제	문제 정의문	
휴대용 충전기 개발	특정고객	캠핑을 하는 사람들은
	니즈	휴대가 가능한 충전용 풍력 발전기를 개발할 필요가 있다
	통찰	왜냐하면 캠핑장에는 전기가 없어서 충전을 할 수 없고 또 큰 충전기는 휴대할 수 없기 때문이다.
미숙아를 위한 인큐베이터 개발	특정고객	절망 상태의 네팔의 산모들은
	니즈	출산 직후 저체중 조산아의 체온을 따뜻하게 보호해야 할 필요가 있다.
	통찰	왜냐하면 저체중의 아기를 신속하게 병원으로 데려갈 수 없기 때문이다.
입사 면접 시험때 자기소개 자신감	특정고객	이갑동씨는
	니즈	자신을 당당하게 소개할 수 있는 자신감을 계발하는 것이 필요하다.
	통찰	왜냐하면 내성적이기 때문에 입사 면접에서 자기를 자신 있게 소개하지 못하기 때문이다.
아동 환자를 위한 인간 중심의 모험 시리즈 MRI 개발	특정고객	아동 환자들은
	니즈	MRI 촬영을 두려움 없이 받을 수 있는 방법이 필요하다.
	통찰	왜냐하면 아동들은 MRI 촬영 시 극도로 두려워해서 마취를 해야 하기 때문이다.

〈SAP: 사용자 관점에서 문제 재정의〉

- Stanford d.school을 지원한 SAP의 Hasso Plattner회장은 디자인싱킹의 중요성을 오래 전부터 구성원들에게 강조하고 또 고객에 대한 교육방법으로 활용하고 있음.
- 기술에 인간적 접근을 통해 사용자 경험을 최우선적으로 고려하는 디자인싱킹은 사용자 관점에서 문제 재정의 및 솔루션을 찾는 데 도움을 주기 때문임.
- (예) 유통 매장의 재고 관리 소프트웨어 프로그램을 개발하는 경우, '재고 관리 문제'가 아닌 '매장 선반에 상품이 떨어져 쇼핑에 불편을 겪는 고객 문제'로 문제를 재정의함. 이 같은 접근은 매장 선반에 상품이 없더라도 이를 필요로 하는 고객에게 상품을 전달해 줄 수 있는 방안들을 포함함으로써 기존에는 생각하지 못했던 솔루션을 도출하였음.

〈말레이시아 경찰들의 문제 정의 사례〉

- **특정고객**: 쿠알라룸푸르에 거주하는 살인 혐의로 복역한 50대 전과자
- **니즈**: 전과자라는 과거로부터 벗어나 정상 생활을 하게 도와줄 필요가 있다.
- **통찰**: 12년간 복역 후 석방되었으나 전처와 이혼하고 다른 여성과 재혼하여 사업을 하였으나 실패, 전과 때문에 사회 정착에 어려움을 겪고 있음. 현재 그는 택시 운전기사로 어렵게 살아가고 있음.

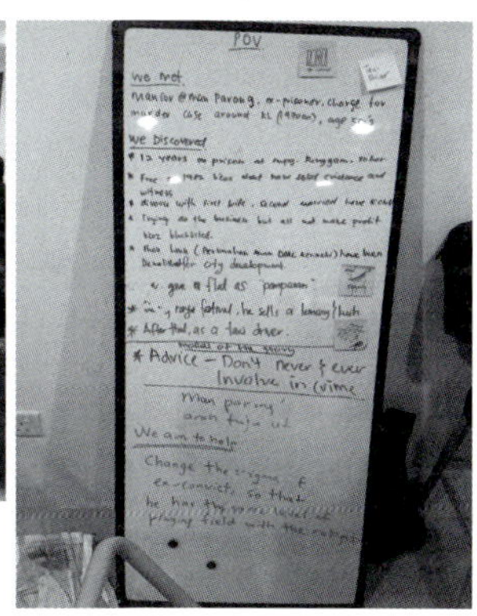

[그림 5.2] Genovasi School of Design Thinking, Malaysia

chapter6

아이디어 발상: **제3단계**

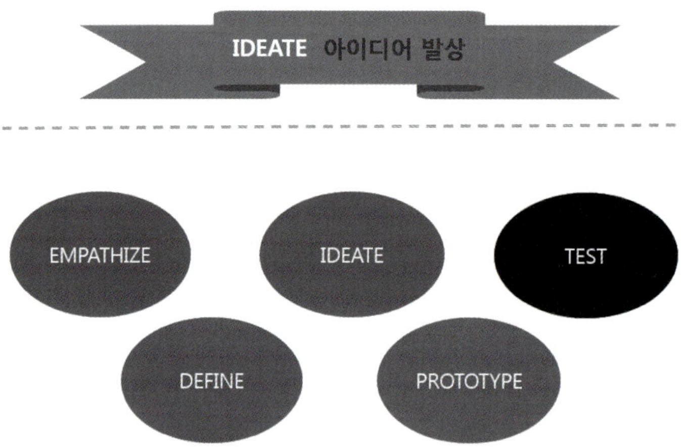

아이디어 발상은 확산적 사고 단계입니다.

"이 단계에서는 올바른 아이디어를 찾아내기 위해서 해결 방안을 가능한 최대한으로 넓혀 나간다."

6.1. 아이디어 발상이란 무엇인가?

아이디어 발상 단계는 아이디어를 생각해내고 이를 평가하여 거기에서 바람직한 아이디어를 선정하는 단계이다. 이 단계는 발상에 초점을 두는, 일종의 창조 단계이다. 여기서는 특히 전 단계에서 도출한 문제 정의문, 즉 착안점(Point of View: POV)을 해결하기 위한 아이디어를 발상해서 찾아내고 구체화시키는 과정도 포함된다.

이 단계에서 하는 창조 행위는 프로토타입을 만들기 위한 여러 가지 내용을 찾아내고 문제를 제기한 고객에 대한 혁신적 해결책을 제공하는 데 그 목적이 있다. 아이디어 발상 단계에서는 이해 관계자들이 모여 아이디어를 내고 해결책을 함께 모색하는 것이 바람직하다(co-creation). 좋은 아이디어 하나를 내기보다 이상하게 보이더라도 많은 아이디어를 내는 것이 중요하다. 왜냐하면 아이디어 발상 단계에서는 질보다 양이 중요하게 여겨지기 때문이다. 방대한 아이디어로부터 어느 것이 더 나은가를 평가하고 좀 더 나은 것을 선정해서 다음 단계로 이행한다.

혁신 도구로 국내에 잘 알려진 케프너 트리고, 트리즈, 식스 시그마 등과 같은 대부분의 문제 해결 스킬들도 아이디어 발상을 하는 창조 단계를 거친다. 디자인싱킹이 이들 기존의 창조 기법과 구분되는 것은 문제를 어디에서 찾느냐 하는 점에 있다. 디자인싱킹은 모든 문제는 반드시 고객(또는 인간)으로부터 찾아야 하고, 이를 해결하는 솔루션을 찾는 것 역시 인간 중심으로 고객에게 초점을 맞추어야 한다는 사실을 특히 강조한다.

6.2. 왜 아이디어 발상이 중요한가?

디자인싱킹의 제2단계인 문제 정의 단계를 거치면 해결책을 찾아내는 제3단계로 넘어가게 된다. 문제 정의 단계에서 만든 착안점(POV)를 해결하기 위해서는 단 하나의 '정답'이 아니라 여러 가지 '아이디어'를 내는 것이 필요하다.

아이디어를 내는 창조 활동은 지금까지 파악한 문제 영역과 창조력을 바탕으로 한 해결책을 상호 통합하는 단계에 해당된다. 특히 프로젝트의 초기 단계에 실시하는 아이디어 발상이라는 창조 행위는, 선택 가능한 아이디어의 폭을 가능한 확대하고 그 중 최선의 해결책을 찾는 데 집중한다.

그러나 꼭 하나의 착안점(POV)에 단 한 개의 해결책만 있는 것은 아니다. 하나의 착안점에도 다양한 해결책이 있을 수 있다. 따라서 여러 가지 해결책 중에서 가장 실현 가능성이 높고 고객을 만족시킬 수 있는 아이디어를 평가를 통해 선정하여야 한다. 어떤 것이 가장 좋은 해결책인가는 이후 단계가 진행되면서 고객을 대상으로 테스트를 하고 피드백을 받으면서 점차 명료해진다.

6.3. 아이디어 발상에 영향을 미치는 요소들

새로운 것을 만들기 위한 아이디어를 발상하는 방법은 대단히 많다. 일본 창조학회 회장이었던 다카하시 교수에 따르면 아이디어 발상 기법에는 약 620가지가 있다고 한다. 이렇게 많은 발상 기법이 존재한다는 것은 그만큼 창조력의 필요성을 사람들이 절실히 느낀다는 사실을 방증한다. 다시 말해, 세계 도처에서 오랜 세월 동안 새롭고 다른 생각을 발상하는 방법이 개발되어 왔기 때문에 이처럼 기법의 수 역시 많아진 것이다.

아이디어 발상 기법 중 특히 브레인스토밍(brainstorming)이나 브레인라이팅은 쉽게 사용이 가능하고, 언제나 또 어디서나 활용할 수 있다는 이점이 있다. 이밖에 트리즈(TRIZ), 스캠퍼(SCAMPER) 기법, 유추영감법(Analogous inspiration), 마인드 맵법(Mind mapping), 우뇌활성화법(Right braining), 강제 연결법, 생체 모방학, 모폴로지(Morphology) 등의 방법도 있다.

다음에 아이디어 발상을 할 때 실제로 영향을 미치는 요소들에는 어떤 것들이 있는지 살펴보자.

- 평범한 해결책을 넘어서 혁신 가능성이 높은 아이디어를 찾는다.
- 팀이 가진 강점을 이용한다.
- 아이디어 발상을 기존과는 다른 예상외의 영역으로까지 확대시킨다.
- 가능하면 많은 아이디어 특히 유연성(버라이어티)을 가진 아이디어를 발상한다.
- 평범한 해결책을 초월하는 아이디어를 발상한다.

6.4. 어떻게 아이디어를 발상하는가?

우리는 의식과 무의식, 그리고 상상력을 동원하는 합리적 사고를 통해 창조적 활동인 아이디어 발상을 한다. 브레인스토밍을 할 때 다른 사람의 아이디어를 자양분 삼아 새로운 아이디어를 내기 위해 집단 구성원들이 상호 작용을 하는 것을 한 사례로 들 수 있다. 이때 제약을 가하거나 부적자극을 주는 행위, 나아가 오해를 하게끔 하는 행위 등은 금지해야 한다.

아이디어는 연약한 새싹과 같아서 보살피고 가꾸고 돌보지 않으면 곧 사라져버린다. 따라서 아이디어를 연약한 새싹을 돌보는 것과 같은 태도로 바라보는 것이 중요하다. 아이디어를 어린 새싹과 같이 돌보는 방법의 하나는 평가 및 비판을 하지 않는 것이다. 물론 여기에는 브레인스토밍 외에도 여러 가지 다른 창조 테크닉을 활용할 수 있다.

아이디어 발상 단계에서는 확산적 사고와 수렴적 사고를 순차적으로 바꾸어 가면서 실시한다. 이는 아이디어를 많이 내는 단계와 나온 아이디어들을 평가하고 선정하는 단계로 나누어 볼 수 있다.

많은 양의 아이디어를 발상하는 것은 확산적 사고의 범주에 해당한다. 이때는 엉뚱한 아이디어를 환영하고, 비판을 금하고, 상대방의 아이디어에 추가해서 아이디어를 내고, 한 번에 한 사람씩 아이디어를 발상하는 것이 기본 규칙이다. 이 단계가 끝나면 제안된 아이디어를 종합하고, 분석해서 평가하는 수렴적 사고 과정으로 진입하게 된다. 수렴적 단계에서는 아이디어가 가진 장·단점, 개선할 점 등을 꼼꼼히 따진다.

아이디어 발상 단계의 목표는 양적으로 많은 수의 아이디어를 내는 것과 다양성 측면에서 여러가지 아이디어를 폭넓게 생각해내는 것이다. 이때 아이디어의 양을 늘리는 것이 매우 중요하다. 왜냐하면 아이디어가 많을수록 좋은 아이디어가 나올 확률이 높아지기 때문이다. 실리콘밸리의 벤처 자본가들에게 창업 아이디어가 많으면 성공할 확률이 높다는 것은 잘 알려진 사실이다.

이렇게 나온 아이디어는 고객에게 테스트를 받을 프로토타입을 만드는 기반이 된다. 프로토타이핑이란 그 자체가 창조 행위이다. 이때 아이디어를 즉각 시각화하여(sketch, be visual) 보여 주는 것이 필요하다. 즉 물리적으로 무엇인가를 만들어서 볼 수 있도록 하는 것, 만질 수 있고(be tactile, tangible) 또 시각화시켜서 제시하는 과정이 이 단계에 포함된다. 이를 통해 새로운 아이디어가 구체화되면 여기에 대한 평가, 즉 테스트가 가능하게 된다.

그밖에 아이디어를 발상하는 창조적 발상 기법으로 보디스토밍(body storming), 마인드맵, 냅킨 스케치 등이 있다. 이들 기법 모두에 공통적으로 적용되는 규칙은 제시된 아이디어에 대한 비판이나 평가는 금물이라는 것이다.

결국, 창조적 아이디어 발상(Ideate) 단계는 아이디어를 내는 것과 아이디어를 평가하는 것으로 크게 구분된다. 이 같은 과정을 통해 추후 아이디어가 가진 강점들을 검증하는 데 필요한 상상력과 창조력을 발휘하는 데 역량을 집중시킬 수 있다.

6.5. 아이디어 발상에서 프로토타핑으로 이행

아이디어를 발상하는 창조 단계에서 나타난 이노베이션 기회를 놓치지 않기 위해 제기된 아이디어를 테스트해 보기 위해서 프로토타입을 준비한다. 이처럼 프로토타입을 제작하면 더 나은 혁신 방안을 찾을 수 있다. 또 팀에서는 브레인스토밍을 통해서 나온 여러 가지 아이디어들 중에서 가장 바람직한 아이디어를 선택하기 위한 방법으로 투표를 할 수도 있다. 투표를 실시해서 선택하는 아이디어의 경우 다음과 같은 3가지 기준에 입각한다.

1) 가장 재미있는 아이디어는 무엇인가?

2) 가장 합리적인 아이디어는 어떤 것인가?

3) 가장 예기치 못한 아이디어는 어떤 것인가?

이때 무엇이 기준이 되는지를 결정하는 것은 전적으로 팀 멤버들에게 달려 있다. 경우에 따라서는 팀원들이 기준에 대해서 상호 합의를 할 수도 있다. 가장 많은 표를 획득한 2개나 3개의 아이디어에 근거하여 이를 토대로 프로토타입을 제작한다. 이 방법은 팀원 대다수가 동의하는 단 하나의 아이디어를 선정하는 것과는 근본적으로 다르다. 복수의 아이디어를 다음 단계로 가지고 가는 것은 이노베이션의 가능성을 더욱 더 확대시키는 것이다.

디자인싱킹을 할때 아이디어 발상 단계에서 활용할 수 있는 여러 가지 기법들 중 대표적인 것을 하나씩 살펴보도록 하자.

브레인스토밍

아이디어 발상 단계에서는 확산적 사고를 필요로 한다. 확산적 사고를 위한 대표적인 방법에는 오스본(Osborne)이 제안한 브레인스토밍이 있다. 그는 자신이 창업한 광고회사에서 많은 아이디어를 내는 방안으로 이 방법을 적용하였다. 브레인스토밍에서는 비판 금지, 질보다 양, 엉뚱한 아이디어 환영, 그리고 다른 아이디어를 활용하기 등 4가지 기본규칙이 적용된다. 다음에 이들 각각을 구체적으로 살펴보자.

1) 비판 금지

아이디어에 대한 비판은 회의 분위기가 긍정적으로 흐르는 데 방해가 된다. 따라서 팀원이 제시하는 아이디어를 비판하는 행위는 금지한다. 여기에 추가해서 '그러나'라는 말 대신 '그리고'라는 말을 사용하여 먼저 나온 아이디어에 새롭거나 또는 수정된 아이디어를 첨가하면서 발전시키는 것을 환영한다. 팀 활동 중에 개별 팀원들이 보이는 침묵과 관망은 바람직하지 못하다.

2) 질보다 양

아이디어는 질보다 양이 중요하다. 이것이야말로 브레인스토밍에서 가장 중요한 규칙이라 할 수 있다. 왜냐하면 우선 많은 수의 아이디어가 나와야 그 중에서 좋은 아이디어가 나올 확률이 높아지기 때문이다.

3) 엉뚱하고 기발한 아이디어 환영

뜻밖의 또는 어리둥절한 아이디어도 환영한다. 왜냐하면 엉뚱한 아이디어 중에서 의외로 좋은 아이디어가 나올 수 있는 가능성이 크기 때문이다. 독창적 아이디어란 평범한 것을 뛰어 넘는다. 따라서 평소 생각하지 못하는 기발한 아이디어가 독특한 아이디어가 될 가능성이 크다.

4) 남의 아이디어를 활용

브레인스토밍에서는 다른 사람이 낸 아이디어에 자기 자신의 아이디어를 결합시키는 것을 권장한다. 이는 서로 다른 아이디어들이 결합되면 더욱 발전된 아이디어를 낼 수 있기 때문이다. 서로 다른 아이디어를 결합시키고, 다른 팀원이 낸 아이디어를 발전시키는 것이야말로 브레인스토밍이 가진 가장 큰 장점이다. 따라서 팀원들은 무조건 새로운 아이디어를 낼 필요는 없다. 왜냐하면 다른 사람의 아이디어에 기초하여 자기가 더 나은 아이디어를 개발할 수도 있기 때문이다.

브레인스토밍을 활용할 때 유의할 것은 반드시 명확한 문제 정의를 통하여 팀이 아이디어를 발상하는 방향성을 잃지 않는 것이다. 이를 실시하는 방법으로 앞

단계에서 도출된 착안점(POV)를 큰 글씨로 써서 전지로 붙여놓고 이를 참고 하면 아이디어 발상의 방향성을 잃지 않는 좋은 방안이 된다. 또한 브레인스토밍에서는 다음과 같이 적당한 제약을 가하는 것도 도움이 된다. 여기에는 예컨대 시간제한을 두는 것 또는 아이디어 100개 만들기와 같은 목표설정을 하는 것 등으로 이는 두뇌 활동을 더욱 활발하게 촉진시킨다. 브레인스토밍을 통해 도출된 아이디어를 기록하고 유형별로 분류하는 것은 좋은 방법이다. 이때 아이디어는 포스트잇 하나에 한 개씩 기록하고 브레인스토밍이 끝나면 합하거나, 비슷한 아이디어 등을 묶어 유형별로 분류할 수 있다.

'어떻게 하면'(HMW : How Might We~?) 질문법

"어떻게 하면?"이란 질문 방식(HMW)은 특정한 상황에 처한 특정한 사용자들에게 "어떻게 하면 ~도울 수 있을까?" 라는 질문을 함으로써 해결책을 찾는 아이디어 발상법이다. 문제 정의 단계에서 도출한 착안점(POV: 문제 정의문)을 브레인스토밍을 하기 위해 3~5개 정도의 "어떻게 하면"의 질문으로 바꾸어 본다. 이렇게 하면 많은 아이디어를 낼 수 있고, 팀이 문제에 대해 흥미를 가질 수 있기 때문에, 제시된 문제를 해결하는 데 필요한 해결방안을 찾을 수 있다.

"어떻게 하면 ~을 할 수 있을까"라는 질문 예시를 다음에 들어보자.

1) 어떻게 하면, 아동 환자들이 MRI 촬영을 할 때 두려움 없이 재미있는 모험

으로 인식하게 할 수 있을까?

2) 어떻게 하면, 출생시 과도한 저체중의 미숙아와 산모를 위해서 전기가 필요없는 저가의 인큐베이터를 만들 수 있을까?

3) 어떻게 하면, 병원에 가기 어려운 고산 오지에 살고 있는 산모들이 출산한 저체중 미숙아의 체온을 보존하게 할 수 있을까?

4) 어떻게 하면, 학생들의 요구에 맞게 교실을 디자인할 수 있을까?

5) 어떻게 하면, 아동들의 창의성을 높이는 게임을 만들 수 있을까?

브레인라이팅(Brainwriting)

브레인라이팅은 브레인스토밍과는 달리 말 대신 글로 쓰는 기법이다. 여기에는 '6명의 멤버가, 아이디어를 3개씩, 5분 이내로 제시하기'와 같은 규칙이 있다. 이것을 635 브레인라이팅이라고 부른다. 이 방법을 사용하면 30분 내에 108개나 되는 아이디어를 낼 수 있다. 특히 팀에 내성적인 멤버들이 많아서 토론이 활발히 이루어지지 않는 그룹에서 이 방법을 사용하면 매우 큰 효과를 볼 수 있다.

635 브레인라이팅 절차는 다음과 같다.

1) 모든 참가자에게 아래 〈표 6.1〉와 같은 양식을 나눠주고 5분 이내로 첫 번째 줄에 아이디어 3개를 쓰게 한다.

2) 5분이 지나면 각자는 자기 옆에 앉은 다른 멤버에게 브레인라이팅 시트를 건네준다. 건네받은 양식 두 번째 줄에 5분 내로 아이디어 3개씩을 쓰게 한다. 두 번째 줄에 3개의 아이디어를 쓸 때 새로운 아이디어를 적어도 좋고 아니면 첫번째 줄에 다른 멤버가 쓴 아이디어를 보고 이것을 발전시켜서 적어도 좋다.

3) 6명 전원이 모두 아이디어를 쓸 때까지 이 과정을 반복한다.

4) 양식이 완전히 채워지면 괜찮은 아이디어를 표시한다. 표시된 아이디어를 중심으로 다시 브레인라이팅이나 브레인스토밍을 해도 좋다.

5) 완전히 채워진 브레인라이팅 양식에서 아이디어를 결합하고 정리하여 새로운 아이디어를 다시 낼 수도 있다.

〈표 6.1〉 635 브레인라이팅 양식

착안점(POV) :

	아이디어 1	아이디어 2	아이디어 3
1			
2			
3			
4			
5			
6			
7			
8			
9			
10			
11			
12			
13			
14			
15			

스캠퍼(SCAMPER) 기법

아이디어 발상 단계에서 팀원들이 아이디어 발상에 익숙하지 않거나 또는 생각이 잘 떠오르지 않을 경우, 스캠퍼(SCAMPER) 기법을 사용하는 것이 좋다. 이 기법은 어떤 사물이나 프로세스 등을 새로운 것으로 변형하기 위해 발상을 돕는 7가지 키워드를 활용한다. 7가지 키워드를 각각 별도로 생각하기보다 한꺼번에 적용하며 생각하는 것이 더 효과적이다. 이 기법은 연습을 통해 일상생활에 융통성 있게 적용할 수 있어서 생산적 사고를 기르는 데도 유용하다. 이 기법은 7개의 키워드에 따라 답을 찾아가면서 아이디어를 도출하는 방식으로 행해진다. 〈표 6.2〉는 스캠퍼 기법을 제시하고 있다.

〈표 6.2〉 SCAMPER 기법

구분	설명	
Substitute (대체)	무엇인가 대체할 것을 찾다보면 새로운 아이디어를 얻을 수 있다.	기존의 것에서 일부나 전체를 다른 것으로 대체할 수 있는가?
Combine (결합)	짝 지을 수 있는 것을 찾아보면 시너지를 내거나 새로운 것을 만들어낼 수 있다.	두 가지 이상의 것을 결합해 보기
Adapt (변경)	어떤 부분을 바꿔 보면 문제를 해결하거나 제품, 서비스를 변화시킬 수 있다.	원래 있는 것을 다른 아이디어나 사물에 적용하기
Modify (수정)	이리저리 꼬여 있는 현상을 변화시키면 대안을 찾을 수 있다.	이미 존재하는 것을 축소하거나 확대하여 변형해 보기
Put to other uses (다른 용도로 활용)	현재의 해결책을 다르게 적용하거나 혁신적으로 사용하여 새로운 아이디어를 만들 수 있다.	원래의 목적이나 용도와 다르게 사용해 보기
Eliminate (제거)	기존의 것에서 무엇인가를 제거하면 새로운 실마리를 찾을 수 있다.	기존에 있던 기능을 과감히 없애기
Reverse (순서 바꾸기)	순서를 바꿔 봄으로써 색다른 아이디어를 낼 수 있다.	기존의 순서나 모양을 거꾸로 하거나 다시 배열해 보기

스캠퍼(SCAMPER) 기법은 아이디어와 상상력을 자극하는 대표적인 체크리스트 방법이다. 이 방법은 실생활에도 쉽게 적용 가능해서 현재 시간이 지날수록 활용 범위가 확대되고 있다. 브레인스토밍이 창의적 발상에 제한을 두지 않는 것이 특징이라면 스캠퍼는 일정 범위 안에 문제를 정의해놓고 문제 해결을 해 나가는 것이 특징이라 할 수 있다.

TRIZ(발명의 이론 : Theory of Invention)

트리즈(TRIZ)는 주어진 문제에 대하여 가장 이상적인 상태를 정의하고 그 결과를 얻는 데 관건이 되는 모순을 찾아내어 이를 극복할 수 있는 해결안을 얻도록 하는, '생각하는 방법'에 대한 이론이다.[14]

14_ http://skccblog.tistory.com/2187; http://www.slideshare.net/BeeCanvas/brainwriting; http://www.slideshare.net/BeeCanvas/all-about-brainstorming 참고

1940년대 구소련 해군 특허담당관인 알츠슐러(Genrich S. Altshuller)는 특허 심사 업무를 수행하면서, 발명에는 어떤 공통이 되는 법칙과 패턴이 있음을 발견하였다. 알츠슐러는 스탈린이 추진한 "과학교육정책"에 반대하다가 강제수용소에 보내졌다. 거기서 "1인 대학"을 운영하면서 수감된 동료들로부터 발명에 대해 많은 학습을 한 것으로 유명하다. 그는 누구나 창의적으로 문제를 해결할 수 있는 일반적이고 체계적인 문제 해결책을 트리즈(TRIZ)로 정리하였다.

문제에 대한 좋은 해결책을 얻기 위해 트리즈가 제안하는 기본 원칙은 다음과 같다.

1) 모순(contradiction): 서로 반대되는 요구를 동시에 만족시켜야 하는 경우이다. 여기에는 기술적 모순과 물리적 모순이 있다. 이같은 모순을 극복함으로써 윈-윈 할 수 있는 해결책을 찾을 수 있다.

2) 표준 문제화(regularity): 전공 분야나 시간과 관계없이 공통 유형의 문제가 있다. 따라서 문제를 표준화하면 시간과 자원 절약이 가능하다.

3) 이상성(ideality): 최종 해법은 궁극적으로 반드시 단순함을 추구해야 한다.

4) 시스템 사고(system thinking): 여러 관점에서 문제를 관찰하여 정확하게 문제를 선별하여야 한다.

5) 기술 진화의 법칙(technology evolution): 기술은 일정한 법칙에 따라 발전하기 때문에 방향을 정확히 설정하는 것이 필요하다.

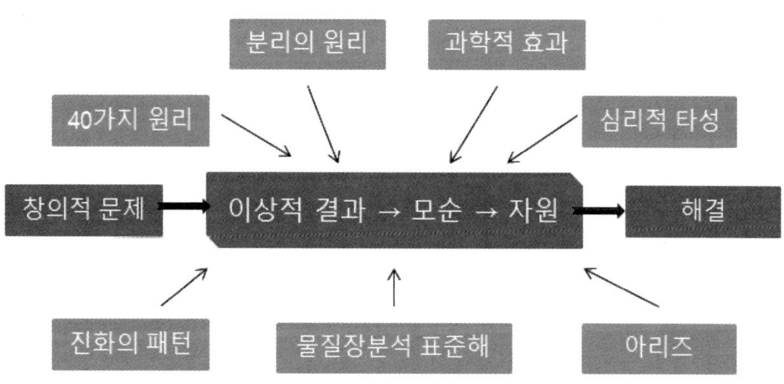

[그림 6.1] 트리즈(TRIZ) 구성원리

트리즈에서 활용되는 사고 방법들은 다음과 같이 정리할 수 있다.

1) 과제 또는 문제를 일반화(추상화)하여 생각한다.

- "연필을 연필이라고만 표시하면 글자를 쓴다."라는 기능에 제한하게 된다. 그 대신 문제를 추상화시키면 이를 활용하는 기능에 대해 더 많은 아이디어가 떠오른다.

2) 문제를 시스템적으로 받아들인다.

- 문제를 전체로서 파악하는 것이 가능하다.
- 문제를 근본적으로 파악하는 것이 용이하다.

3) 이상적 해법을 먼저 생각한다.

- 눈 앞의 가능한 대책보다 훨씬 더 근본적인 해결책을 모색한다.

4) 기술적 모순이나 물리적 모순을 모순 테이블, 발명의 원리 나아가 분리의 원칙을 적용하여 해결한다.

다음의 [그림 6.2]는 트리즈를 통해 문제를 해결하는 방법을 도식화한 것이다. 문제를 추상화(abstraction)하고, 표준 문제를 해결하는 연산자를 활용하여 표준 해결책을 도출한 뒤에 이를 유추화(analogy)해서 문제에 대한 해결책을 찾는 절차로 진행한다.

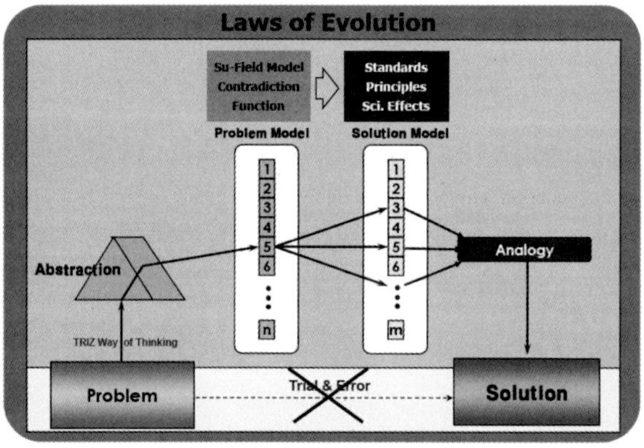

[그림 6.2] 트리즈 문제 해결 방법

표준 해결책을 도출하는 과정에서 모순 테이블을 활용하여 그 해결책을 찾을 수 있다. 트리즈에서 적용하는 발명 원리는 분할, 분리, 국소 품질 등 40여가지가 있다. 이때 무게, 모양, 동력 등 일반화된 39가지 표준 특징(혹은 설계 변수)이 해결 방안에 영향을 미친다. 모순 테이블에서 '개선되는 특징'은 가로에, '이로 인해 나빠지는 특징'은 세로에 배열하고(기술적 모순) 이 특징들이 교차하는 곳에 발명의 원리를 나열하는 방법으로 구성되어 있다.

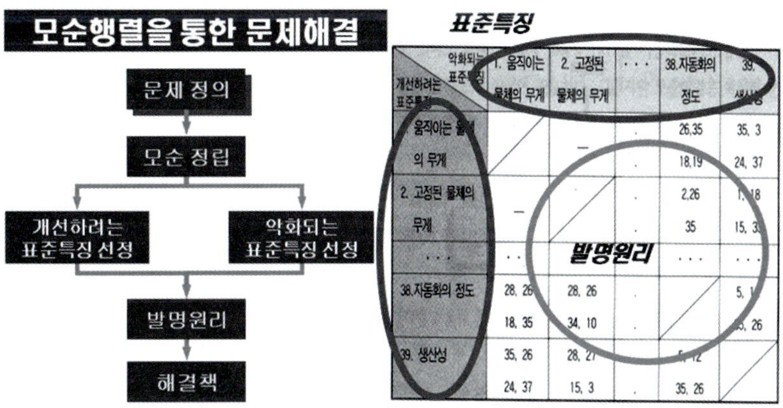

[그림 6.3] 모순 행렬을 통한 문제 해결 방법

하나의 요소에 서로 상반되는 특성을 동시에 요구하는 물리적 모순 문제는 시간, 공간, 전체와 부분, 조건의 분리에 의하여 해결한다. 보다 자세한 내용은 트리즈 관련 도서들을 참조하기 바란다.

하이라이팅(Highlighting) 기법

아이디어 발상 과정에서는 많은 아이디어를 도출하는 발산 과정뿐만 아니라 도출한 많은 양의 아이디어를 평가하여 우수한 아이디어를 선정하는 수렴 과정도 역시 필요하다. 수렴 과정에서 활용할 수 있는 좋은 방법으로 하이라이팅 기법이 있다.

〈표 6.3〉 하이라이팅 기법

<table>
<tr><td rowspan="2">1</td><td>아이디어 히트하기(hit idea)</td></tr>
<tr><td>브레인스토밍에서 생성된 아이디어 중 그럴듯해 보이는 대안에 체크한다. 이때 아이디어의 실현 가능성은 고려하지 않는다.</td></tr>
<tr><td rowspan="3">2</td><td>적중 영역 만들기 및 분류하기(Hot spot)</td></tr>
<tr><td>적중 영역을 만들고 선택한 아이디어를 적중 영역별로 구분한다.</td></tr>
<tr><td><table><tr><td>영역</td><td></td><td></td><td></td><td></td></tr><tr><td>아이디어</td><td></td><td></td><td></td><td></td></tr></table></td></tr>
<tr><td rowspan="2">3</td><td>재(再)진술에 의해 선택된 해결책</td></tr>
<tr><td>문제의 요구를 가장 잘 충족시키는 것으로 판단되는 적중 영역을 선택한다.
두 개 이상의 적중 영역을 조합하여 하나의 해결책을 만들어도 좋다.
이때 선정 기준은 가장 성공 가능성이 좋은 방법, 가장 기쁘게 만드는 방법, ~한다면 가장 혁신적인 방법 등의 순으로 적용한다.</td></tr>
</table>

아이디어 발상 과정에서 수많은 아이디어들이 나왔다면, 시제품을 만들 아이디어를 선택하는 수렴 과정이 필요하다. 그 과정을 그림으로 나타내면 다음과 같다.

〈표 6.4〉 아이디어 선택 과정

<table>
<tr><td>1</td><td>아이디어 내기</td><td>
*아이디어는 많을 수록 좋다.</td></tr>
</table>

2	비슷한 아이디어끼리 분류하기	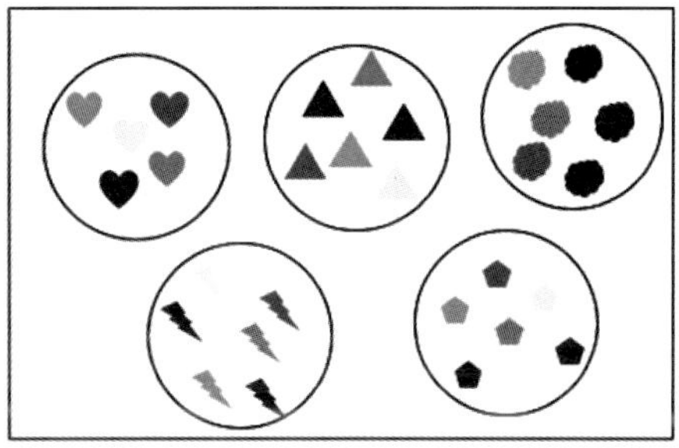
3	아이디어 수정과 결합	
4	아이디어 선택	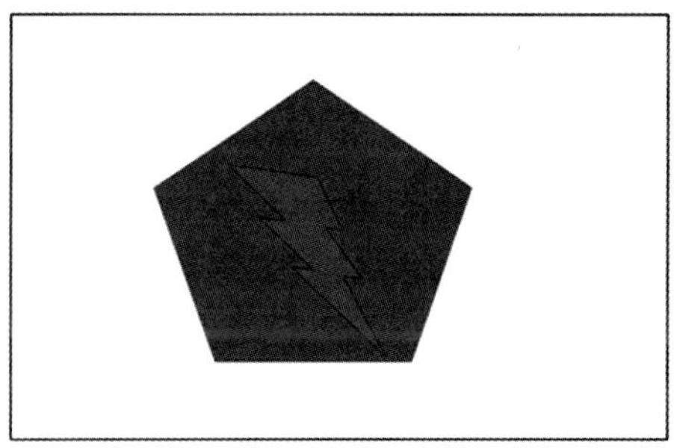

〈표 6.5〉는 종합설계 프로젝트와 디자인싱킹 프로젝트에서 아이디어 발상 사례를 보여주고 있다.

〈표 6.5〉 아이디어 발상 사례[15]

1. 쥐불놀이에서 따온 풍력 발전기	2. 휴대성이 좋은 수직축 풍력발전기	3. 휴대폰 케이스에 부착한 형태
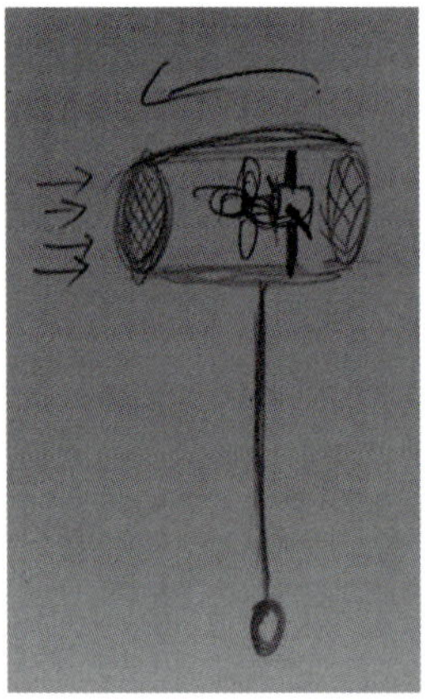	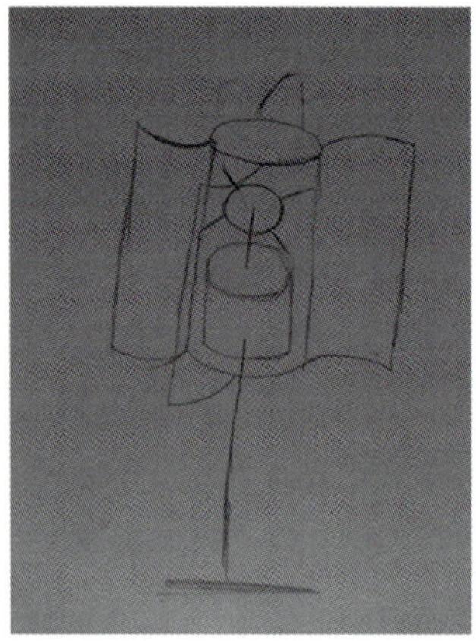	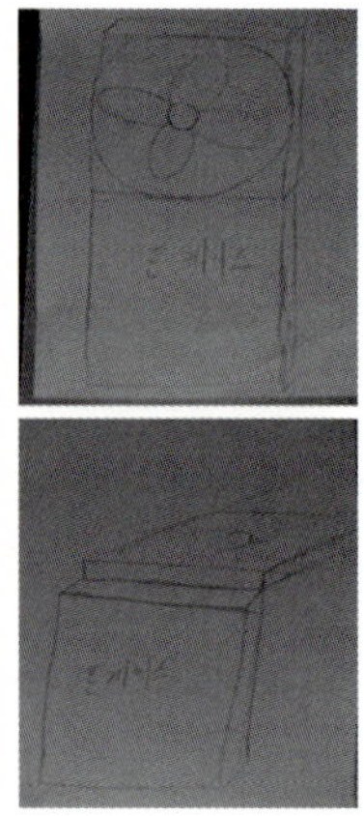

그림 스케치를 이용한 CDP 프로젝트 아이디어 발상 과정(풍력 발전기)

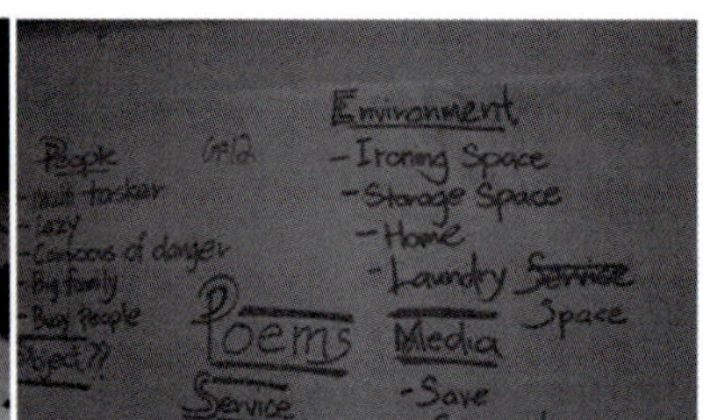

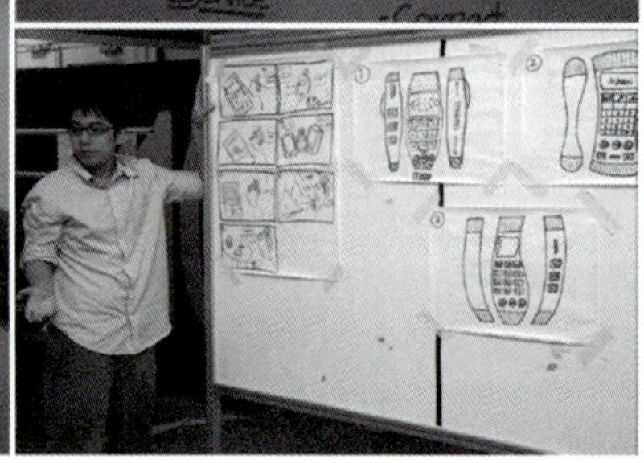

싱가포르 폴리텍(Singapore Polytechnic) 대학에서 실시한 디자인싱킹 결과물 발표

15_ 순서대로 영남대 CDP 프로젝트; 2014. 3 가나자와 공대 CDIO conference 발표자료 참고

〈IDEO : 인간 중심적 디자인〉

• Stanford d.school 설립에 결정적인 역할을 한 IDEO와 이를 재정적으로 지원한 SAP은 Design Thinking의 중요성을 그 어떤 기업보다 오래 전부터 강조해 오고 있음.

• 산업 디자인 업계에서 특히 인간 중심적 디자인으로 유명한 IDEO는 1990년대부터 다양한 학제적 분야의 전문 인력으로 구성된 팀이 브레인스토밍, 현장에서의 사용자 관찰, 신속한 프로토타입 제작, 반복적 수정 등을 제품 및 서비스 디자인 과정에 적용하고 있음.

• 2000년대 들어 제품의 외관 디자인 외에도 디자이너의 사고방식을 적용한 디자인싱킹을 통한 문제 해결 등을 컨설팅 받기 위해 IDEO를 찾는 고객기업들이 증가하고 있음. 현재 IDEO는 전세계 12개 대도시에 오피스를 개설하고 있다.(도쿄, 싱가포르, 런던, 상하이 등) 삼성전자도 IDEO의 고객 중 하나임.

chapter 7

프로토타이핑(Prototyping): 제4단계

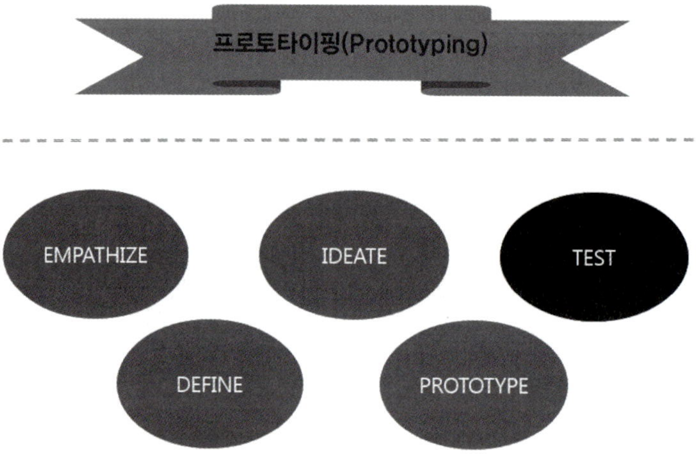

프로토타이핑은 수렴적 사고 단계입니다.

"생각하기 위해서 만들고,
학습하기 위해서 시도한다."

(Thinking by hands or build to think)

7.1. 프로토타이핑이란 무엇인가?

이 단계는 최종적인 해결책을 추구하는 질문에 대한 답으로, 테스트를 받을 수 있는 물건, 제품, 서비스 등을 보거나 만질 수 있도록 만들어내는 단계이다. 프로토타이핑의 목적은 머릿속에 있는 아이디어를 외부로 표현하고, 그 결과에 대해 고객 및 사용자들의 피드백을 얻고 또 반응하는 행동을 관찰하는 데 있다.

프로토타이핑의 특징은 이를 통해 고객, 즉 사용자와 대화를 할 수 있다는 데 있다. 따라서 고객으로 하여금 프로토타입을 경험케 하고 이와 상호 작용할 수 있게 하는 것만으로 충분하다. 이와 같은 상호 작용을 통해 고객으로부터 깊은 공감을 이끌어 낼 수 있으면 성공적인 프로젝트를 수행할 수 있다.

아이디어를 구체화하는 방법이다(Make ideas real)

프로토타이핑은 생각을 구체화하는 방법이다. 또 문제에 대한 해결책을 만드는 방법이기도 하다. 프로토타이핑을 이용하면 아이디어를 다른 사람들에게 보여 주고 여기에 대한 피드백을 통해 이를 좀 더 정교하게 발전시켜 나갈 수 있다. 프로토타이핑은 개인이나 디자인싱킹 팀이 그들 스스로가 낸 아이디어에 몰입되기 전에 그 아이디어를 빠르고 적은 비용으로 실체화시켜서 고객 및 사용자로 하여금 테스트 및 평가를 받게 하는 것이 목적이다.

프로토타입은 문제 해결, 즉 솔루션 컨셉을 계발하는 과정 전반에 걸쳐서 아이디어를 검증하는 도구일 뿐만 아니라 더 많은 아이디이어를 발상하기 위해 사용하는 일회성 도구이기도 하다. 프로토타입은 강력한 커뮤니케이션 수단으로, 고객이 그 컨셉과 어떻게 상호 작용하는지를 볼 수 있게 도와준다.

〈고객은 평상시와 다른 방법으로 요리하는 것을 좋아하는가?〉와 같은 질문 내용이 막연하고 광범위한 경우가 프로젝트 초기 단계에 다루는 문제라 할 수 있다. 이 문제를 가지고 간단하고, 비용이 저렴한 재료를 이용하여 저질의 프로토타입을 만든다. 이렇게 접근하는 프로토타이핑을 "빠른 그렇지만 개략적 프로토타입"(Quick and dirty prototype)이라 말한다.

이처럼 투박하지만 신속하고 개략적으로 만든 프로토타입은 대단히 중요하다. 이 단계의 프로토타입은 정교할 필요는 없다. 가능하면 빨리 그리고 저렴한 비용으로 만들 수 있어야 한다. 이 과정에서 디자인싱킹 전문가들로부터 '빨리 또 개략적'으로 만들자고 하는 말을 자주 들을 수 있다.

초기에, 비용이 적게 들 때 그리고 여러 번 프로토타입을 만들어서 고객으로부터 피드백을 받는 것이 중요하다. 프로젝트 초기에 자주 실패를 경험하는 것은 보다 정확한 방법으로 성공할 수 있도록 하는 토대이기에 중요하다. 이 단계는 개념이 작동하는지, 고객이 원하는 것인지를 저비용으로 파악함으로써 고객의 진짜 요구 사항을 발견하고 학습하는데 그 목적이 있다.

초기에는 완성도가 높은 프로토타입을 만들지 않는 것이 중요하다. 따라서 우선 저정밀도(low fidelity)의 작품을 만드는 것이 필요하다. 그 이유는 첫 번째 시도에서 완벽할 수는 절대 없기 때문이다. 고객의 피드백을 받고 또 여러 차례 시도함으로써 프로토타입도 진화할 수 있다. 프로토타입의 정밀도는 프로젝트가 진행되면서 고객의 요구 사항을 반영하는 정도가 커질수록 높아질 수 있다. 프로토타입을 만드는 후기 단계에 이르면 앞에서 다룬 문제인 〈고객은 평상시와 다른 방법으로 요리하는 것을 좋아하는가?〉를 고객은 "시각적으로 즐거운 요리를 선호하는가?"를 밝히는 것과 같이 기능성, 구체적인 형상, 나아가 완성도가 높은, 나아가 좀 더 진전된 시제품을 프로토타입으로 만들 수 있다.(functional prototype or rapid prototype).

질문에 대한 답을 탐색하는 과정이다

프로토타입은 어떤 질문(예를 들어서 적합성, 유용성, 편리성, 기능성 또는 타당성 등)을 파악하기 위해서 실시한다. 이는 디자인싱킹 팀이 찾는 솔루션에 대한 질문을 명확히 하기 위한 것이다. 왜냐하면 이를 통해 컨셉에 대해 팀원 사이의 내부 커뮤니케이션을 원활하게 할 뿐만 아니라 외부에 있는 고객과 컨셉에 대해 논의할 때도 편리하기 때문이다.

프로토타이핑 과정에서 던져야 할 질문은 다음과 같다.

1) 누가 이 아이디어로 혜택을 보게 될 것인가? 최종 고객에게는 어떤 효과가 있는가?
2) 다른 대안보다 이 아이디어가 왜 그리고 어떻게 더 좋은가?
3) 고객에게 얼마만큼의 이익을 가져다 주는가?
4) 고객은 이 같은 가치와 혜택에 대해 얼마만큼 비용을 지불할 의사가 있는가?
5) 고객은 지불할 비용을 어떻게 마련할 것인가?

프로토타입은 고객과 대화를 할 수 있는 것이라면 형태나 내용 등이 어떠하든 상관없다. 이때 프로토타입은 물리적 작품일 수도 있고 스케치 같은 그림일 수도 있다. 예컨대 벽에 붙인 포스트잇, 거칠게 조립한 기계 장치, 역할 연기, 만화로 그린 스토리 등 그 어떤 것이든 프로토타입이 될 수 있다.

고객이 프로토타입을 경험할 수 있도록 진행시키는 것이 바람직하다. 스토리를 중심으로 프로토타이핑을 해도 좋고, 물리적인 대상을 가지고 스토리와 연결시키는 것도 좋다. 이렇게 함으로써 고객으로부터 풍부한 감성과 반응을 얻을 수 있다.

7.2. 프로토타이핑은 왜 중요한가?

전통적인 공학 설계에서는 개념 설계, 구체화 설계 및 상세 설계로부터 도출된 제품의 기능, 성능, 형상을 시험할 목적으로 프로토타입이 제작된다. 반면 디자인싱킹에서는 보다 심층적인 공감의 추구, 소통을 위한 형상화, 피드백을 받기 위해, 나아가 다른 사람들에게 해결방안에 대한 영감을 불러일으키기 위해 프로토타입핑이 중요시된다. 아래에 프로토타입을 제작하는 목적을 나열해 보았다.

1) 설계 개념의 증명, 발견 그리고 학습이 목적
2) 프로토타입의 가치는 모델 그 자체에 있는 것이 아니라 사람들과의 상호 작용에 있으므로, 형태보다는 그것이 창출하는 경험(느낌)이 중요함

3) 프로토타입은 설계에 대한 팀원 간의 이견을 해소하고 아이디어를 구체화하며 의사소통하는 데 도움을 줌

4) 프로토타입은 설계 과정에서 개략적으로, 신속히 보는 과정이므로 재료는 주변에서 쉽게 얻을 수 있는 물품을 사용하고 이를 통해 가능하면 빨리, 저렴하게 만들면서 또 자주 실패를 경험하는 것이 좋음.[16]

초기 프로토타입의 목적은 개념의 증명과 개념에 대한 해결방안을 발견하기 위한 학습이라고 볼 수 있다. 여기에 사용자나 고객의 피드백을 반영해서 구상안이 개선되어 확정되면, 보다 좀 더 정교한 프로토타입을 제작할 수 있게 된다.

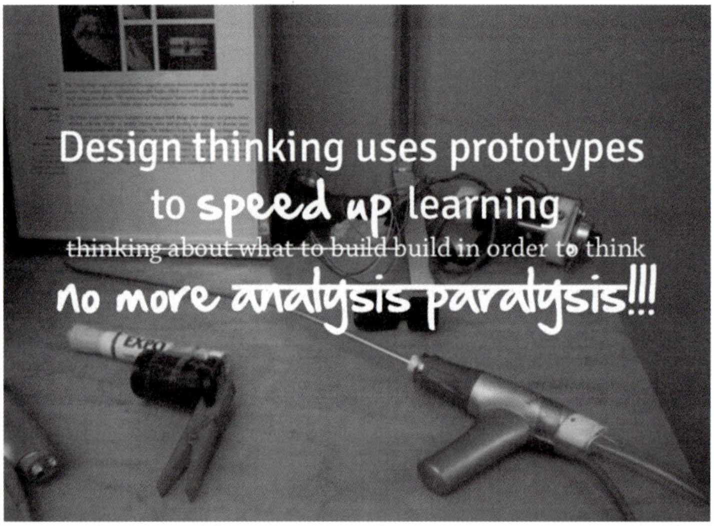

[그림 7.1] 프로토타입과 실제 제품의 비교

프로토타입 제작시 필요에 따라 특정한 제약 조건을 주고 아이디어를 수정·보완하는 것이 효과적이다. 다양한 제약 조건은 생각을 제한하는 것이 아니라, 오히

16_ 이하 프로토타입 그림의 경우 [그림 7.1] IDEO; [그림 7.2] 영남대 기계공학부 CDP 프로젝트(지도 교수 송동주); [그림 7.3] Martin Steinert 발표 자료(2015. 4); [그림 7.4] 영남대 CDP 프로젝트(지도 교수 송동주) 참고

려 디자이너가 제약조건을 활용하여 주제나 문제에 적합한 아이디어를 심화하도록, 즉 창의적인 잠재력을 이끌어 내도록 도와준다. 따라서 제약 조건을 설정하는 것은 선입견 때문에 아이디어를 비판하는 것과는 전혀 다르다고 볼 수 있다.

[그림 7.2] 휴대용 풍력 발전기 프로토타입

프로토타입을 대표하는 말 중에 "말로 하지 말고, 보여 주세요."(Do not Talk, Show Me)라는 말이 있다. 이는 백 마디 말보다 실제로 보여 주는 것이 더 설득력이 있다는 의미로, "백문불여일견"(百聞不如一見)과 일맥상통한다. 프로토타이핑과 관련된 몇 가지 특징을 정리하면 다음과 같다.

- 창조와 문제 해결을 위한 발상을 위해서는 무엇인가 보고, 만지고, 또 접촉할 수 있도록 만드는 것이 중요하다.
- 대화를 하기 위해 1,000개의 어휘를 활용한다고 할 때, 하나의 프로토타입을 통해 보여 주는 것은 1,000개 이상의 어휘에 해당하는 가치가 있다고 할 수 있다. 특히 디자인싱킹에서는 소통을 위하여 시각과 촉각을 매우 중요시한다(be visual and tactile).
- 고객과 대화(인터뷰)를 할 때 구체적인 대상이나 물건이 있으면, 보다 풍성하

게 진행할 수 있다. 예를 들어 지갑 깊숙한 곳에 사진이 있다고 하자. 그 사진을 지갑에 간직하게 된 사연, 사진에 등장한 인물과의 관계, 그 주인공과 함께 한 경험 등이야말로 프로토타이핑이 아니면 얻기 어려운 정보에 해당한다. 이처럼 프로토타입은 고객과 직접적이고 깊은 대화를 가능하게 하는 촉진제 역할을 한다.

- 프로토타입을 통해 초기에, 재빨리 그리고 비용이 덜 들었을 때 실패를 하자. 실패에 대한 두려움은 대부분의 사람들이 가지고 있다. 그러나 실패 없이 학습한다는 것은 애당초 불가능하다. 시도하고 실패를 해야 도대체 무엇이 잘못된 것이지를 깨달을 수 있다. 생각이 나면 즉시 행동에 옮기고 고객의 피드백을 통하여 개선을 반복적으로 수행하는 것이 디자인싱킹의 원리 중 하나이기도 하다. 그런데 이 깨달음은 투입한 비용과 자원이 적을 때, 프로젝트를 시작한 초기에, 그리고 자주 또 많이 실패를 함으로써 얻는 것이 대단히 중요하다. 인생을 90세까지라 할 때 20~30세 때 실패하면 재기할 수 있지만 75세쯤 되어서 실패하면 너무 늦지 않은가?
- 토마스 에디슨은 실패 없이는 절대로 발전이 없다고 역설하였다. 즉 세상의 어떤 일도 단 한 번에 성공하는 일은 없다는 것이다. 그는 전구를 개발하는 데 9,999번 실패를 하고 마지막 한번인 10,000번째에 드디어 성공하였다. 에디슨은 9,999번의 실패를 그 숫자만큼 작동하지 않는 사례를 발견하였다고 말한다. 에디슨과 달리 일반 사람들은 실패하지 않기 위해 시도조차 하지 않고, 프로토타입을 만들어 보지도 않고 주저앉는 경우가 너무나 많다.
- 프로토타이핑을 활용하면 이 설계의 가능성을 검증할 수 있고 문제 해결의 품질을 유지하면서 조급한 해결 방안을 피할 수도 있으며 나아가 여러 가지 해결 방안을 추구하는 것도 가능하다.

프로토타입의 궁극적인 목적은 "실패를 하기 위한 것"이다. 실패야말로 우리가 학습할 수 있고 문제를 해결할 수 있게 만드는 유일한 방법이다. 실패를 두려워하면 절대로 해결책을 찾을 수 없다. 아기가 탄생해서 걸음마를 배우는 것, 말을 배우는 것 그리고 유치원 및 초등학교에서 학습을 하는 것 등, 사회화 과정은 모두 실패를 통해서 비로소 이루어진다.

프로토타입을 만들기 위해서는 먼저 테스트하고 싶은 것이 무엇인지를 잘 파악해야 한다. 테스트를 할 때 프로토타입이 특정한 질문인 문제 정의문, 즉 "착안점"의 솔루션이 되는지를 중심으로 살펴보아야 한다. 여기에 더하여 고객이 프로토타입에 대해서 어떻게 반응하는가를 주의 깊게 살펴봄으로써 추가적인 단서도 알아낼 수 있다.

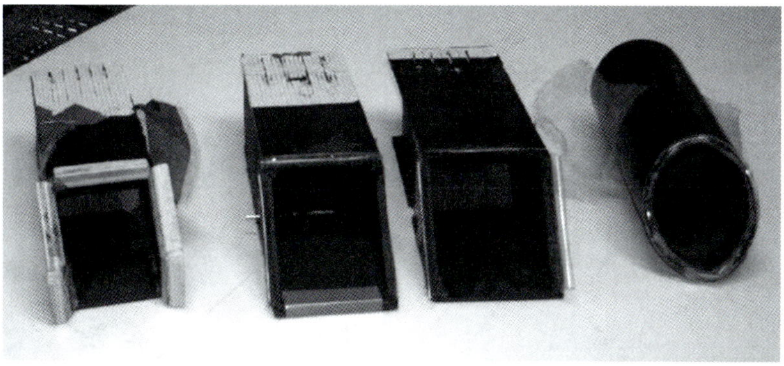

[그림 7.3] 자동차 윈드쉴드 통풍구의 다양한 프로토타입 형상

7.3. 프로토타입의 형태

프로토타입은 반드시 어떤 시제품을 만드는 것만을 의미하지는 않는다. 프로토타입에는 여러 가지가 있다. 또 이를 만들기 위한 재료로 어떤 것을 사용해도 무방하다. 아래에서 프로토타입이 가진 몇 가지 특성을 정리해보자.

1) 시제품을 볼 수 있고, 만질 수 있는 물리적 형태로 나타내면 2차원 아이디어가 3차원으로 살아나게 된다. 투박한 재료를 사용하면 신속하고 완성도가 낮은

프로토타입을 만들 수 있다. 이는 피드백을 통해 곧 수정·보완이 가능하기 때문에 다음 단계로 쉽게 연결될 수 있다.

2) 스토리 보드, 일련의 이미지, 나아가 냅킨 스케치 등을 통해서 전체적인 사용자 경험을 상상해 볼 수 있다.

3) 역할극(role play)을 할 수 있다. 팀원들이 고객의 역할을 맡아서 실제로 체험해 봄으로써, 제품 또는 서비스 디자인에 대한 감성적 경험을 해 볼 수 있다.

4) 다이어그램 맵핑(Diagram mapping)은 공간, 프로세스 또는 구조를 표현할 수 있는 좋은 방법이다. 아이디어들이 어떻게 서로 관련되는지, 또 시간이 지남에 따라 경험이 어떻게 변하는지 등을 살펴 볼 수 있다.

프로토타입의 종류에는 종이 프로토타입(Paper Prototype), 펑키 프로토타입(Funky Prototype), 경험 프로토타입(Experience Prototype), 비판적 기능 프로토타입(Critical Function Prototype), 오즈의 마법사 프로토타입(Wizard of Oz Prototype), 다크호스 프로토타입(Darkhorse Prototype) 등이 있다.[17] 디자인싱킹에서는 주로 주변에서 흔히 발견할 수 있는 종이 같은 재료를 사용하여 프로토타입을 제작하는 경우가 많다. 이것을 종이 프로토타입이라고 한다. 흔히 사용되는 프로토타입 종류를 다음에서 간단히 설명해 보자.

▶ 모델(Model)

자신의 생각을 간단히 3차원으로 표현하여 만든다. 이때 만드는 형상은 팀과 함께 제작하여 실제 크기로 제작할 수도 있다.

▶ 디지털 목업(Digital Mockup)

디지털 도구들은 종이 위에 스크린 스케치를 통해서 표현할 수 있다. 디지털 기

17_ d.school Bootcamp Bootleg 참고

기가 상호 작용하는 상황을 표현하기 위해 휴대폰이나 컴퓨터 등의 스크린 위에 테이프로 붙여서 표현할 수도 있다.

▶ 역할극(Role Play)

자신의 아이디어나 경험을 토대로 역할극을 수행할 수도 있다. 이 상황에서 역할을 보고 질문을 할 수 있다. 간단한 소품, 유니폼, 사용자 스토리 등을 만들어서 역할극을 해 보는 것은 좋은 방법이다.

▶ 광고(Advertisement)

프로그램, 서비스, 제품 등에 대한 아이디어를 전달할 수 있도록 광고 모형으로 만드는 방법이다. 이 같은 광고 모형은 사용자들에게 가치를 전달하는 방식으로 활용 가능하다.

▶ 공간 개조(Revamped Space)

프로토타입은 공간 디자인에 대한 것일 수도 있다. 이 방법을 이용하면 기존의 공간에서 창의적인 장면을 연출할 수 있다. 이미 준비된 가구와 책상을 이동시키면서 자유롭게 발상하고 공간을 변화시켜 본다. 이때에도 필요한 재료들은 주변에서 찾아서 활용할 수 있다.

▶ 오즈의 마법사

이 기법을 사용하는 가장 큰 이유는 고객이 원하는 기능성이 무엇인지 파악하고자 함에 있다. 이 방법을 활용하여 테스팅을 하면 실제로 기능성을 구현할 때 자원과 시간을 절약할 수 있다.

「오즈의 마법사」에 나오는, 파워를 속이는 커튼 뒤의 남자처럼, 디자인팀은 테스트하고자 하는 특징들을 속일 수 있다. 오즈의 마법사 프로토타입은 사실 사람이 통제하는 것이지만, 사용자들은 컴퓨터가 대답한다고 생각한다.

오즈의 마법사 프로토타입을 만드는 것은 무엇을 테스트하고 탐색할지 결정하는 것에서 부터 시작된다. 이 방법은 종종 디지털 인터페이스를 코딩하는 것과 같이 개인이 창조하기에 엄청난 노력이 필요한 것을 테스트하고자 할 때 사용할 수 있다. 우선 고객인 사용자의 시선을 통해 진짜 경험을 체험하게 할 필요가 있는 기능성을 어떻게 속일 수 있는지를 알아내야 한다.

경우에 따라서는 트위터, 이메일, 스카이프 등 기존의 도구들을 활용하는 것이 효과적일 수 있다. 이때 디자인싱커는 커튼 뒤에서 상기한 여러 가지 테크놀로지 도구들을 결합해서 현실과 같은 프로토타입을 만들 수 있다. 예를 들어 진짜 기계를 만드는 것 대신 뒤에서 숨어 있는 사람을 활용하여, 선택된 상품들을 전해주는 자판기 프로토타입을 만들 수도 있다.

7.4. 어떻게 프로토타입을 만드는가?

프로토타입을 제작할 재료 및 도구를 준비한다

아이디어를 즉시 구현하기 위해서는 주변에서 쉽게 구할 수 있는 물품이 프로토타이핑의 재료로 사용되어야 한다. 실제 우리 주변에는 사용하고 버린 라면 박스나 과일 상자, 오래된 신문, 스티로폼 보드, 스티로폼 봉 등 비용을 전혀 들이지 않고도 활용할 수 있는 자원이 많이 있다. 이외에도 인터넷 이미지, 공간 활용, 포스트 잇, 역할극, 인터페이스, 스토리텔링 기술, 혹은 시각적인 방법 등과 같은 다양한 방법이 프로토타입 제작에 사용될 수 있다.

만들어야 할 프로토타입이 아직 분명하지 않은 경우에는 종이나 상품 포장용 박스 그리고 값이 저렴한 테이프 등을 이용해서 작업을 시작하는 것이 바람직하다. 왜냐하면 초기 프로토타입은 비용을 적게 들이고 또 실패하는 것이 목적이기 때문에, 비용을 많이 투입하는 것은 바람직하지 않기 때문이다.

한 개의 프로토타입에 너무 긴 시간을 할애하지 않는 것이 중요하다. 너무 공을 많이 들이고 시간을 장시간 투입해서 만드는 프로토타입에는 누구나 애착을 가지게 마련이다. 그 결과 이에 대한 개선이나 수정 피드백이 나오면 이를 수용하는 대신 방어하고자 하는 것이 사람들의 심리이기 때문이다. 따라서 애착을 가지기 전에 반드시 다음 프로토타입으로 옮겨 가야 한다.

프로토타입의 기본 모토는 "실험하면서 배운다."이다. 프로토타입을 만드는 이유는 행하면서 배우는 학습 효과 때문이다. 실패 중에서도 가장 좋은 실패는 신속하고, 값싸고, 일찍 경험하는 실패이다. 그래서 최소한의 노력을 들여 실험을 하고 피드백을 얻을 수 있는 모형을 만드는 것이 중요하다.

이렇게 고객으로부터 피드백을 받아서 개선된 프로토타입을 만들게 되면 이어서 기능성(functional prototype), 고정밀도(high fidelity) 프로토타입을 3차원 CAD와 3D 프린트, 목업(mock-up) 및 알파 프로토타입 등 보다 정교하게(쾌속 조형, Rapid Prototype) 만들게 된다.

아래 [그림 7.4]는 저정밀도 프로토타입(그림 7.2 참조)으로부터 개선된 정교한 프로토타입을 보여 준다. 정교한 프로토타입으로 넘어가면서부터는 시간과 비용이 이전에 비해 훨씬 많이 들기 때문에 자주 실패하면 곤란하다.

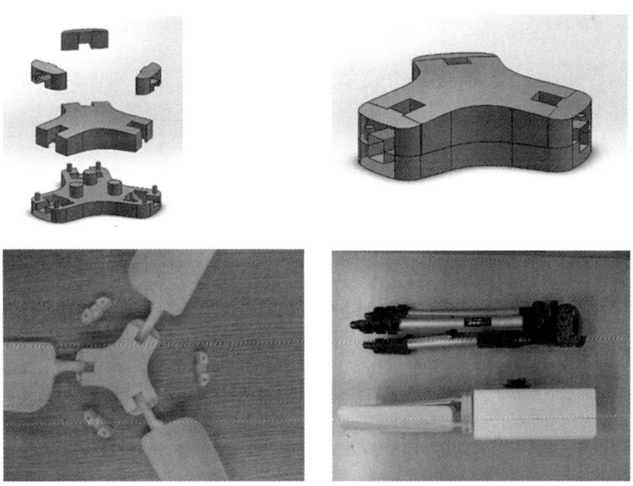

[그림 7.4] 저정밀도 프로토타입과 정교한 3-D 모델링과 3D 프린터 모형 프로토타입

고객의 시선에서 생각해 본다

고객이 무엇을 테스트하고 싶어 하는가? 고객은 어떤 행동을 기대하고 있는가? 이 같은 질문에 답하기 위해서 프로토타입을 만드는 것이 중요하다. 프로토타입에 집중하면 테스트 단계에서 유익하고 의미있는 피드백을 얻을 수 있다.

사용자 중심(user-driven) 프로토타입을 만드는 것은 고객이 어떻게 생각하는지에 대한 내용을 고객 스스로 만들도록 하는 것이다. 예를 들어 만약 고객들이 스스로 티셔츠를 제작하는 웹 사이트를 만들었다고 할 때, 초기 단계에 고객이 직접 티셔츠 모양과 단추를 디자인해서 이것을 만들도록 하는 것이다.

또 사용자 중심의 프로토타입은 고객에게 새하얀 티셔츠를 주고, 고객 스스로 티셔츠의 모양을 정하는 것이 될 수도 있다. 즉 고객이 시작할 수 있도록 웹사이트의 레이아웃을 박스나 종이 같은 것으로 보여 주고 고객이 여기에 컨텐츠를 창조해 내도록 요구함으로써, 프로토타입을 만드는 발판을 마련해 줄 수도 있다. 이때 고객인 사용자가 무엇을 창조하도록 요구할 것인지에 대해서는 범위를 정할 수 있다.

프로젝트의 진행 상황에 따라 사용자 스스로가 주체가 되어 프로토타입을 생성한다는 느낌을 충분히 갖도록 하는 것이 중요하다. 디자인싱킹 팀은 편견 없이 고객, 즉 외부에 있는 사람들로부터 배울 수 있는 개방적인 마음가짐을 갖는 것이 중요하다. 아래 표를 통해 몇 가지 사용자 중심의 프로토타입의 예시를 살펴보자.

〈표 7.1〉 사용자 중심 프로토타입 예시

사용자 중심 프로토타입 예시		비고
고객인 사용자들에게 무엇인가를 그리도록 요청함	“병원 의사에게 가는 것에 대해 어떻게 생각하는지를 그려보세요.”	이때 백지에 그림으로 그리게 할 수 있다.
	“종이와 테이프를 이용하여 기저귀용 가방과 아기 용품을 만들어 보세요.”	이때 간단한 재료를 사용한다
	“이 잡지들에서 이상적인 쇼핑 경험을 나타내는 그림들을 골라서 잘라 보세요.”	이는 잡지의 새로운 편집에 대한 프로토타입을 만드는 것을 의미한다.

프로토타입은 실물 크기로 만드는 것이 좋다. 이를 가장 잘 활용하는 회사가 전 세계 10만개가 넘는 체인점을 보유하고 있는 레이 크록(Ray Kroc)이 창업한 맥도날드(McDonald's)이다. 미국 시카고 근교에 있는 맥도날드 대학(McDonald's University)에서는 매년 10여 만명 이상의 맥도날드 직원, 프랜차이즈 관계자 등이 와서 다양한 교육을 받는다. 이 회사의 장점은 바로 프로토타이핑으로 실제와 똑같은 매장과 레스토랑을 만들고, 실제 판매하는 메뉴 그대로 조리하고 서비스하는 과정을 교육생들에게 제공하는 것이다. 이 같은 방법이 바로 목업(Mock up)이다.

7.5. 프로토타입에서 테스트로 이행

프로토타입에서 테스트로 이행해 가는 것은 마치 2인용 자전거를 타는 것과 같다고 할 수 있다. 테스트하고 싶은 내용과 테스트할 범위 등에 대해서 프로토타입을 만들기 전에 반드시 생각해야 한다.

프로토타입과 테스트는 함께 실시할 수도 있다. 그러나 보통의 경우 프로토타입과 테스트를 분리하여 진행한다. 잘 만들어진 테스트 시나리오를 계획하고 실행하기 위해 프로토타입을 만든 후 곧 바로 테스트를 실시해 보는 것이다.

고객의 솔직한 피드백을 얻기 위해 고객과 대화하는 과정을 만드는 것이 프로토타이핑이라 할 수 있다. 따라서 단지 프로토타입을 제시하는 데서 끝내지 않고 테스트 과정을 통해 피드백을 받아 해결방안의 효율성을 향상·개선시켜야 한다. 이 같은 목적을 달성하기 위해서 프로토타입을 사용자나 고객에게 보여 주고, 이에 대한 피드백을 구해야 한다. 테스트를 통해 고객으로부터 배우고, 착안점(POV)을 재구성하면 보다 정밀한 해결방안을 만들 수 있다.

고객으로부터 의견을 수집하려면 다음과 같은 질문을 하는 것이 좋다. "이 아이디어는 당신의 관심을 불러일으킵니까? 그렇다면 왜 그렇습니까?", "이 프로토타입에서 당신을 가장 흥분시키는 것이 무엇인지 설명할 수 있습니까?", "당신은

이 아이디어에 대해 개선할 필요가 있다고 보십니까?", "이 아이디어에서 무엇이 마음에 안 듭니까?"

〈Intuit: 고객에게 기쁨을 주는 제품〉

- 개인 및 소규모 사업자들의 재무 관리 소프트웨어 계발에서 강점을 보여주는 기업인 Intuit는 제품 개발에 디자인싱킹 프로세스로 접근하면서 독창적인 고객 가치를 발굴하고 있음.[18]
- Intuit는 사용자에게 기쁨을 줄 수 있는 제품을 고안해 내야 한다는 목표를 가지고 이를 실현시킬 수 있는 방안으로 디자인싱킹을 활용하고 있음.
- 고객으로의 감정 이입과 공감, 신속한 프로토타이핑 및 실험 중심으로 디자인싱킹을 활용하고 있음.
- 미국 직장인들이 매년 세금 정산 작업을 할 때, 부부 중 한 명이 주도적으로 작업을 하고, 다른 한 명은 "작년에 비해 뭐가 달라졌어?"라는 질문을 주로 한다는 사실에 착안하였음. 특히 배우자가 할 수 있는 유력한 질문들을 신속하게 그래프와 도표를 이용해서 결과를 보여 줄 수 있는 기능을 추가한 프로그램 계발로 좋은 반응을 이끌어냄.

18_ LG 경제연구원 한수연 연구위원, 『Design Thinking 창의성을 만들어갈 수 있을까?』 참고

chapter 8

테스트(Test) : 제5단계

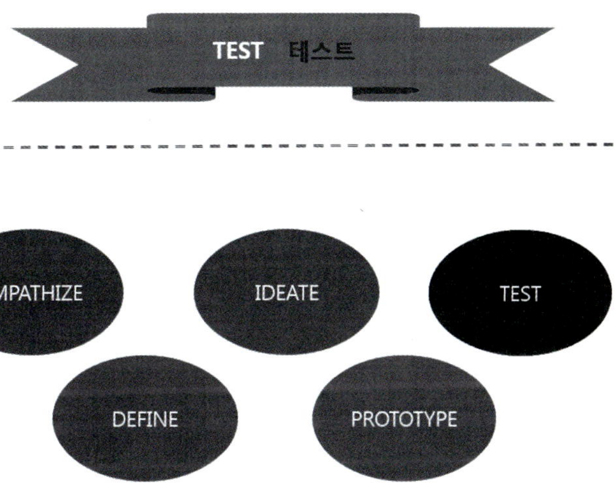

"테스트는 자신이 만든 해결책에 대해서 고객으로부터 배우는 기회이다."

8.1. 테스트란 무엇인가?

테스트는 디자인싱킹 프로세스를 통해서 찾아낸 문제 해결 방안, 즉 솔루션에 대해서 고객이 만족하는가를 점검하는 절차이다. 제시된 솔루션이 마음에 들지 않으면 고객은 만족하지 못하고 그 결과에 등을 돌릴 것이다. 이때는 반복(Iterate)을 통해서 지금까지 해 온 절차인 앞의 단계를 다시 밟아야 한다.

테스트 단계에서는 프로토타입에 대해서 고객에게 피드백을 요청한다. 이때 프로토타입을 고객들의 손에 쥐어 주고 사용해 보도록 한다. 그리고 고객들이 손에 쥔 프로토타입에 대해 무엇이라고 말하는지 귀를 기울인다. 나아가 고객들이 어떻게 경험했고 어떻게 느끼는지에 대하여 말로 해 달라고 요청한다. 또 고객들이 관심을 가지는 것과 가치를 느끼는 것이 무엇인지도 관찰한다. 특히 작동하지 않는 것이 무엇인지 검토하고, 새로운 요구사항을 질문하여 아이디어를 꾸준히 탐색해야 한다.

테스트는 고객을 이해하는 또 다른 기회에 해당된다. 그러나 테스트 단계에서 하는 고객 이해는 제1단계에서 행하는 공감과는 달리 문제가 명확하게 정의되고, 검증을 위한 프로토타입이 만들어진 다음에 이루어진다. 따라서 여기서 고객이 만족스러워하지 않으면 디자인싱킹 프로세스 중 앞의 단계로 되돌아 갈 수 있다. 예컨대 문제 정의는 바로 되었지만, 아이디어 발상인 창조 단계가 부족하다면 이 단계로 되돌아가서 다시 시작할 수 있다.

테스트 단계는 고객과의 상호 작용에 초점을 맞추기 때문에 고객이 해결책을 좋아하는지 여부를 알아보는 〈검증〉 작업도 포함된다. 나아가 〈왜〉라는 질문을 함으로써 끊임없이 탐구한다. 테스트 단계에서는 우리가 제시하는 잠재적 해결책을 고객이 어떻게 받아들이는가를 파악하는 것과 동시에 고객과 문제에 대해서 추가적인 학습을 하는데 지속적으로 초점을 맞추어야 한다.

테스트가 얼마나 중요하가를 보여주는 사례로 독일 포츠담대학의 HPI 디자인싱킹 연구소의 워크숍 장면을 들 수 있다. 이 연구소는 사람들이 붐비는 기차역에 있는 교육장을 빌려서 워크숍을 실시했다. 즉 큰 유리창을 통해서 실내 교육장에서 디자인싱킹 교육 및 실습을 하는 모습과 가르치는 사람과 배우는 사람들이 활동하는 장면을 지나가는 여행자나 쇼핑나온 사람들이 자유롭게 관찰할 수 있도록 하였다. 프로토타입을 만들어서 이것을 바로 고객에게 테스트하는 것이 가능한 이 장소는 기차역의 대형 쇼핑몰과 연결되어 있다. 따라서 남녀노소, 다양한 인종, 그리고 성별에 관계없이 테스트에 참가할 수 있기 때문에 풍부한 피드백을 받는 것이 가능했다.

한편 고객과의 테스트에는 포커스 그룹(Focus Group), 마니아 사용자를 대상으로 한 베타 테스트, 고객과의 만찬, 사전 공개 행사, 설문 조사, 인터넷 분석, 유서빌리티(Usability) 센터 등이 포함된다.

8.2. 테스트는 왜 하는가?

고객, 즉 사용자 대상의 테스트를 실시하는 것은 인간 중심 디자인싱킹의 핵심이다. 사용자를 대상으로 테스트를 하면 고객을 더욱 깊이 있게 이해하고 파악할 수 있다. 프로토타입을 가지고 테스트를 하면 해결책에 대한 고객의 반응을 확인하고 피드백을 받을 수 있다.

디자인싱킹에서 테스트를 하는 것은 지금까지 밟아온 각 단계가 과연 문제를 가진 당사자인 고객의 니즈를 충족시킬 수 있는지 그 여부를 파악하기 위함이다.

토마스 에디슨은 테스트를 수도 없이 실시한 사람으로 잘 알려져 있다. 그는 테스트를 통해서 하는 실패야말로 다음 단계에 성공을 향해 갈 수 있는 지름길이라고 항상 긍정적으로 생각하였다.

테스트를 통해 얻을 수 있는 결과나 효과를 요약하면 다음과 같다.

첫째, 프로토타입과 문제 해결책, 즉 최종 솔루션을 개선하기 위해서 고객을 대상으로 하는 테스트는, 고객이 지적하는 부족한 사항을 반영하여 프로토타입을 수정하고 개선하는 데 필요한 정보와 아이디어를 제공한다. 이것은 아직 미흡한 문제 해결 방안을 좀 더 고객의 니즈에 부합시키기 위해 앞에서 밟은 전 단계로 되돌아가는 반복(iterate)을 의미한다.

둘째, 테스트는 고객에 대해서 배울 수 있는 또 하나의 기회이다. 물론 공감 단계에서의 관찰과 질문을 통해서 고객의 니즈를 파악한 것에 추가하여, 테스트 단계에서는 고객에 대해 좀 더 심층적인 이해를 할 수 있도록 해 준다. 이것은 종종 기대하지 않았던 다른 통찰을 제공하기도 한다.

셋째, 테스트는 우리가 포착하지 못한 착안점을 바로 잡을 수 있는 아이디어를 제공한다. 또한 잘못 포착한 해결책 뿐만 아니라 잘못된 문제 설정에 대해서도 밝혀 준다.

사용자들을 대상으로 테스트할 때 주의하여야 할 점이 몇 가지 있다.

1) 어떤 프로토타입을 가지고 테스트할 것인지에 대한 결정

2) 테스트하고자 하는 맥락과 시나리오

3) 테스팅하는 과정에서 사용자와 상호작용하는 방법

4) 테스트를 통해 사용자에 대한 관찰, 포착, 그리고 피드백을 어떻게 할 것인지에 대한 결정

8.3. 테스트 과정

고객을 대상으로 실시하는 테스트는 고객이 실제 생활하는 공간이나 근무환경에서 실시하면 더욱 의미 있는 피드백을 받을 수 있다. 만일 프로토타입의 테스트를 실제 상황에서 행하지 않는 경우에는 고객의 역할을 테스트와 분리하여 현지 상황에 입각해서 테스트하는 것이 바람직하다. 이 단계는 우리가 한 아이디어 발상, 프로토타입 등이 고객의 기대와 다를 수도 있다는 사실을 수용하면서, 해결책을 재정의하거나 개선하기 위한 기회로 활용할 수 있다.

고객에게 일상적인 생활과 관계되는 것을 언급해달라고 부탁한다. 이때 구체적인 물건이 있으면 이를 이용하는 것이 좋다. 예컨대 만일 우리가 고객의 집이나 근무하는 사무실에서 테스트를 실시한다면, 자신의 경험과 관계되는 사진, 기념품, 장식물 등 구체적인 물건이나 대상을 보여주면서 연계해서 설명하도록 요청할 수 있다.

테스트를 진행할 때 공감 단계에서 활용한 팀을 사용하는 것이 좋다. 즉 공감 과정에서 관찰 및 인터뷰를 할 때 구성된 팀이 그대로 테스트까지 연결되는 것이 효과적이다.

테스트를 진행할 때 고객인 사용자들이 현실로부터 프로토타입 상황으로 옮겨 가도록 도와주어야 한다. 특히 고객에게 "너무 지나치게 설명을 많이 하지 않는 것"이 필요하다. 왜냐하면 고객인 사용자가 프로토타입을 스스로 경험해 보고 느껴 보는 것이 중요하기 때문이다. 이를 위해 디자인 팀은 기본적인 맥락만 제공하고 그 후에 질문을 통해서 이끌어 가는 역할을 해야 한다.

디자인싱킹 팀 전원이 사용자가 테스트를 통해서 프로토타입을 경험하는 과정을 지켜보는 것이 이상적이다. 관찰하는 사람의 수가 부족하거나 팀원 전체가 관찰할 수 없는 상황이라면 비디오로 녹화해서 추후에 보는 것도 좋은 방법이다.

다음에 고객을 대상으로 실시하는 테스트 진행 과정을 살펴보자.

1) 사용자들에게 프로토타입을 경험하도록 한다. "말하지 말고, 보여 준다."는 전제하에서, 프로토타입을 사용자가 직접 만질 수 있도록 놓아둔다. 이때 단지 최소한의 맥락만 제공함으로써 사용자 스스로가 무엇을 하는지를 이해하도록 한다. 이 경우에도 디자인싱킹 팀은 자신의 생각을 설명하거나 프로토타입을 만든 이유에 대해서는 말하지 않는다.

2) 사용자들이 자신이 한 경험에 대해서 서로 이야기하도록 유도한다. 이때 "이것을 해 보았을 때 무엇을 생각했는지를 말씀해 주세요."라는 식으로 요청하는 것이 적절하다.

3) 주의 깊게 관찰한다. 사용자가 제공된 프로토타입을 얼마나 또 어떻게 사

용하는지 또는 어느 정도 사용하는지 등을 관찰한다. 이때 사용자에게 그 행동이 옳은지 여부에 대해서 즉각적으로 말해 주지 않는다.

4) 질문을 한다. 이것은 테스트에서 가장 가치 있는 부분이다. "왜 이 작업이 당신에게 적합한지 보여 주세요." 또는 "이것이 어떤 느낌을 주는지 설명해 줄 수 있나요?", "왜요?", "음, 그 버튼들이 어떤 역할을 한다고 생각하세요?" 등과 같이 질문을 할 수 있다.

8.4. 테스트를 통한 피드백 받기(Gather Feedback)

피드백의 목적 및 진행 프로세스

문제에 대한 최종 해결책인 솔루션을 프로토타입으로 제시하면 고객들로부터 피드백을 받게 된다. 이때 유의할 점은 피드백을 받기 전에 아이디어를 완벽하게 만들기 위해 너무 많은 시간을 투입하는 것은 바람직하지 않다는 것이다. 피드백에 고객들을 참여시키는 것은 솔루션을 수정하기 위함이지 완벽함을 증명하기 위함은 아니기 때문이다.

비록 프로토타입에 대한 피드백이 부정적이어도 솔직한 피드백을 받는 것이 중요하다. 왜냐하면 고객에게 바람직하지 않은 솔루션에 많은 시간과 노력을 투자하기 전에 빨리 그 문제점을 파악하여 개선점을 도출해내는 것이 중요하기 때문이다. 다음을 참고하면 문제 해결책인 솔루션을 발표하는 데 도움이 될 수 있다.

1) 아이디어를 판매하려고 해서는 안 된다. 솔루션의 장점, 단점 모두를 설명하면서 중립적인 입장에서 발표한다.

2) 피드백을 받는 집단의 크기를 다양하게 한다. 처음에는 비교적 많은 인원의 그룹(10~15명)을 대상으로 솔루션을 발표한다. 그 후 깊이 있는 피드백을 받기 위해서 솔루션 하나에 한 소집단을 구성하여 피드백을 받는다.

3) 핵심 아이디어를 방해하는 솔루션의 어떤 면이 드러나면, 자연스럽게 이 부

분을 제거하거나 변경해서 발표해도 좋다.

4) 참가자들에게 아이디어를 발전시켜달라고 요청한다. "당신이 보는 좀 더 나은 방안은 무엇이라고 생각합니까?"라는 식의 질문을 하면서 아이디어 개선이나 추가적인 평가 및 비판을 하도록 요청한다.

정직한 피드백을 받을 수 있는 방법은 고객들에게 몇 가지를 실제로 실행해 보도록 하는 것이다. 왜냐하면 만약 고객들에게 한 가지 컨셉만 주면 그들은 피드백을 위한 평가를 꺼려할 수도 있기 때문이다. 따라서 여러 가지 솔루션을 비교 및 대조할 수 있도록 하면 좀 더 솔직한 피드백을 받을 수 있다.

디자인 팀이 조사한 곳이 아닌 다른 장소의 새로운 고객들을 대상으로 피드백을 요청하는 것이 범용적인 솔루션을 찾는 좋은 방법이 될 수 있다. 또 새로운 사람들과 이전에 스토리를 공유했던 사람들을 섞어서 피드백을 요청하는 방법도 있다. 이때 컨셉과 관련을 가진 모든 이해 관계자들을 포함시킨다. 즉 최종 사용자뿐만 아니라, 제조 및 설비 관련자, 서비스 및 유통업자 등도 포함시킬 수 있다.

피드백 세션을 준비할 때 각각의 프로토타입에 대한 적합성 여부를 포함하여 피드백 받고 싶은 내용과 관련하여 3-4개 정도의 질문을 준비한다. 고객들이 프로토타입에 대해 긍정적으로 생각하는지 또는 부정적으로 생각하는지 등을 포함하는 피드백 외에, 솔루션에 대해서도 피드백을 받을 수 있도록 질문을 준비하고 이를 기록한다. 피드백 진행의 프로세스를 정리하면 다음 표와 같다.

〈표 8.1〉 피드백 진행 프로세스

단계	내용
1단계	팀원들은 자신의 솔루션을 피드백 참가자들에게 어떻게 발표할 것인지를 준비한다. 참가자들에게 솔루션의 진행 및 그 배경이 되는 구체적인 정보를 제공할 필요는 없다.
2단계	각 팀은 솔루션 발표 연습을 하는 것이 매우 효과적이다. 왜냐하면 팀원들이 간단명료하게 발표를 하고 또 조사 단계에서 발견된 문제에 대해 적절한 답을 제시할 수 있는 것을 확인하는 것은 아주 중요하기 때문이다.
3단계	피드백 세션에서 일관성 있게 발표할 수 있도록 솔루션에 대한 표준화를 팀원에게 요청한다. 그리고 제기될 주요 질문에 대해서도 사전 준비를 하도록 한다.
4단계	고객에게 부정적일 경우라고 해도 관계없으니 솔직한 피드백을 해달라고 요청한다. 특히 프로토타입을 제작하는 데 적은 시간을 투입했다고 설명하고, 솔직하게 피드백을 해 주도록 요청한다.

피드백으로서 스토리텔링

스토리텔링을 하는 이유는 무엇인가? 스토리는 우리 인류가 오래 전부터 사용해 온, 역사가 긴 테크놀로지이다. 문자가 발달하기 이전부터 입에서 입으로 전해 온 수많은 스토리가 세계 각국의 문화에 깊이 배어 있다. 스토리는 다른 어떤 정보나 지식보다 인간의 대뇌에 오랫동안 저장되고 DNA에 스며들어 있기 때문에 이후에 기억으로 되살릴 수 있다.

인류는 문자를 사용하기 이전부터 스토리텔링을 통해서 정보를 전달해 왔다. 스토리는 사람들 사이에 아이디어들을 상호 연결시켜주는 좋은 방법이다. 스토리는 전달하고자 하는 많은 의미를 놀라울 만큼 단순화시키고 극적인 반전도 사용하면서 인지적 의미뿐만 아니라 깊은 감성과 감정을 동시에 전달하는 역할을 한다. 재미·긴장·반전이 있는 스토리는 사람들의 감성과 지성에 큰 영향을 미친다.

▶ 스토리 디자인

스토리를 활용하여 감성적 내용을 전달하려면 전달하고자 하는 캐릭터를 한 문장으로 나타내고, 감정적 느낌은 2-3개의 단어로 변환시키는 것이 필요하다.

이때 스토리는 전달하고자 하는 내용의 본질을 묘사할 수 있어야 한다. 이제부터 스토리텔링에 포함되는 주요 포인트를 살펴보자.

1) 사실에 입각한 스토리

스토리에 자기 자신의 진솔한 면을 포함시키면 큰 공명(共鳴)을 불러일으킬 수 있다. 즉 정직한 표현이 내용을 잘 포장하는 것보다 더 강하고 깊게 울린다.

2) 인물 중심의 스토리

스토리에 등장하는 인물들이 사람들의 니즈를 표현하면 청중으로부터 공감과 흥미를 불러일으킬 수 있다.

3) 극적인 행동

스토리를 구성하는 3가지 요소는 행동, 갈등 그리고 변화이다. 이 3가지 구성요소를 스토리는 반드시 갖추고 있어야 한다.

- 행동: 그 인물이 시도하고자 하는 것은 무엇인가? 이를 통해서 달성하고자 하는 목적은 무엇인가?
- 갈등: 그 인물이 한 행동은 주변과 어떤 갈등 관계를 가지는가? 어떤 질문들이 더 큰 임팩트를 주는가?
- 변화: 무엇이 가장 큰 통찰인가? 어떻게 갈등을 해결하는가?

스토리텔링에서 유념할 것은 "모든 행동은 감정을 뒤에 숨긴다."는 사실이다. 사람들은 자기 성격에 대해서도 이런 전략을 사용한다. 그러나 스토리는 이 같은 사실을 감안해서 픽션으로 듣기 때문에 감정적 반응이 비교적 크지 않다.

디자인싱킹 프로세스를 실행하는 동안 스토리텔링을 도입하게 되면, 공감 지도를 만들거나 대상이 되는 고객이나 사용자를 이해하는 데 큰 도움이 된다. 스토리텔링은 상호 모순이나 충돌 등도 허용하기 때문에 이를 통해서 니즈파악 뿐만 아니라 문제 해결을 위한 통찰력 획득도 쉽게 할 수 있다.

〈디자인싱킹을 통한 문제 해결 영역 피라미드 분석〉

(Pyramid of Deign Thinking Practice)

오스트레일리아 Swinburne 대학의 S. Russo는 디자인싱킹을 실무에 적용할 때 개인, 팀, 조직 그리고 사회 및 환경 등과 관계되는 영역으로 확대되다는 사실을 논문으로 발표하였다. 그는 인본주의 심리학자 Maslow의 "욕구계층 이론"을 활용하여 Y축에 복잡성의 정도와 X축에 디자인싱킹 대상으로 구분하였다. 그는 디자인싱킹의 대상이 사물인지, 서비스인지 아니면 조직 즉 시스템인지를 중심으로 분류하였다.

1) **제1 수준 영역**: 이는 주로 제품 개발 혹은 상품 개발 등과 같이 통상적인 디자인과 관련된다. 즉 눈에 보이고 만질 수 있는 통상적 사물 등이 대상이 된다. 여기에는 인테리어 디자인, 상품 디자인, 패션, 보석, 그래픽, 디지털 미디어 등에 관계되는 대상 등이 포함된다.

2) **제2 수준 영역**: 제품 및 경험이 주요 대상이다. 엔지니어링, 인터액션 디자인, 인간컴퓨터 상호작용(HCI: Human computer Interaction), 사용자 경험, 문화인류학적 디자인, HCD 등이 있다.

3) **제3 수준 영역**: 조직의 제도, 즉 시스템이나 행동과 관련된 것들이 주요 대상이다. 도시 계획, 건축, 서비스 디자인, 문화 관련 디자인 등이 이 수준에 해당된다.

4) **제4 수준 영역**: 글로벌기업 및 대기업(Large Scale System)이 대상이다. 정부 및 지자체의 정책, 제도 디자인, 기반 구조(infrastructure), 공공 보건, 환경 등이 해당된다.

〈디자인싱킹 활용 피라미드〉

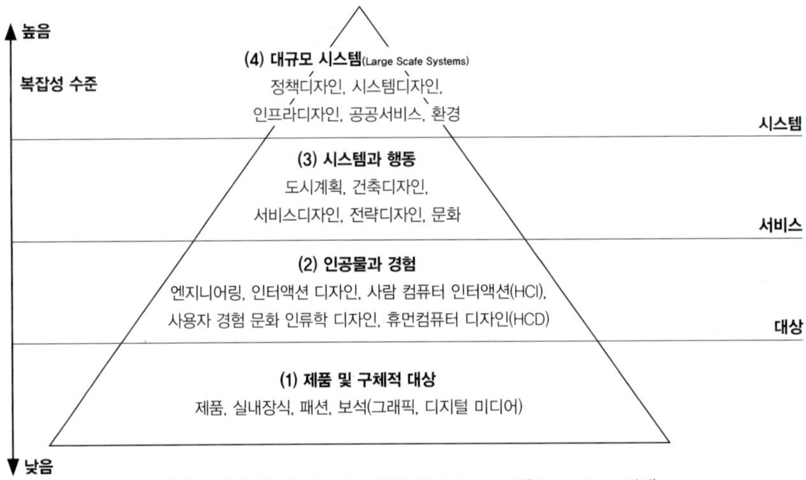

〈출처: 디자인싱킹 피라미드; 오스트레일리아 Swinburne 대학, S. D. Russo 박사〉

chapter 9

디자인싱킹 프로세스의 여러 모형

선진국의 많은 기업들은 디자인싱킹을 이노베이션을 구현하는 창의력 도구로 활용하고 있다. 미국 기업의 경우 구글, IBM, P&G, B&B 등을 들 수 있다. 독일의 경우는 SAP, BMW, AUDI, Deutsche Bank, Siemens 등이 디자인싱킹을 적극적으로 활용한다. 업종에 따라 DT를 도입한 사례를 보면 우선 헬스케어 부문에 Mayo Clinic, Cleveland Clinic, 그리고 서울대학교 분당병원 등을 들 수 있다. 다수의 대학들과 연구소 그리고 기업들이 디자인싱킹을 교육·훈련시키고 프로젝트에 도입하고 있지만 디자인싱킹은 정의나 개념이 명확하지 않기 때문에 이에 대한 비판적 시각도 역시 존재한다. 디자인싱킹에 대한 대표적인 비판은 디자인싱킹이 고객, 즉 사용자 입장을 중시하고 통합적인 사고를 통해 문제 해결을 하기 때문에 모든 문제해결 프로세스에 적용할 수 없는 모호한 개념이라는 사실에 대한 지적이다.

이러한 비판은 디자인싱킹의 고유 모델이 없다는 점에서 비롯된 것이다. 실제 디자인싱킹은 어떤 한 가지 모델이나 표준을 고수하지 않는다. 디자인싱킹은 일종의 프로세스이기 때문에 이를 가르치는 대학(Stanford, Columbia, Toronto, Virginia(이상 북미), Potsdam(독일), NTNU(노르웨이), Aalto(핀란드), Singapore National University 등이나 컨설팅 회사들(IDEO, FROG, RED 등) 또는 대기업(IBM, Google, P&G 등) 등에 따라 사용하는 모델이 각각 조금씩 다를 뿐만 아니라 해당기법에 적합하게 수정해서 사용하고 있다.

그러나 디자인싱킹 프로세스에는 공통적으로 다음과 같은 요소들이 포함되어 있다. 즉 관찰(Observe)(인터뷰, 문화적 탐색, 직접 체험하기, 스토리텔링), 문제정의문(POV: point of view: 착안점), 여정지도(Journey map), 페르소나(Persona), "어떻게 ~하면"(HMW: How might We), 프레임워크, 아이디어 발상하기(ideation: 아이디어 발상 및 선정, 브레인스토밍의 원칙), 프로토타입(스케치), 저정밀도 프로토타입(Low fidelity), 역할극, 비디오, 고정밀도(high fidelity) 프로토타입), 테스트(피드백 받기, 피드백 참고하기, 반영하기), 그리고 각 단계를 되풀이 해서 행하는 반복(Iterate) 등이 포함되어 있다.

디자인싱킹 프로세스는 실로 다양하여 주어진 환경이나 해당조직의 목적에 따라 맞춤형으로 적용할 수 있다. 그 중에서 현재 가장 폭넓게 쓰이는 것은 스탠포드 d.school의 5단계 모델이다. 이제부터 여러가지 모델들에 대해 정리를 하는 목적에서 5단계 모델을 포함하여 최근에 확산되고 있는 몇 가지 다른 디자인싱킹 모델들을 살펴보자.

9.1. 디자인 과정을 따르는 Stanford-IDEO 모델

이 모델은 앞에서 설명한 스탠포드 d.school의 5단계 모델을 약간 변형한 것이다. 이 모델은 문제 정의(혹은 재정의), 니즈(요구) 파악 및 벤치마킹(혹은 사용자 및 디자인 공간에 대한 이해), 바디스토밍(아이디어 발상), 프로토타입(제작), 그리고 테스트(학습) 등으로 이어지는 과정으로 구성되어 있다. 그러나 이러한 과정이 순차적으로 일어나는 것이라기 보다는[그림 9.1] 임의로 반복하는 형태[그림 9.2]로 이루어진다고 할 수 있다.

Stanford-IDEO design 과정

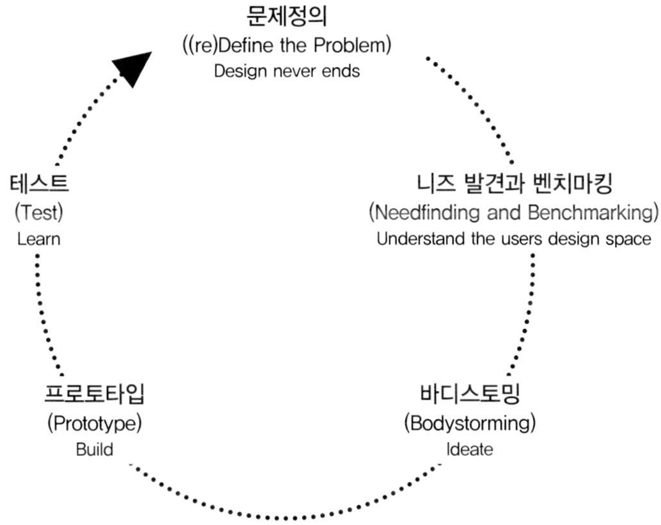

[그림 9.1] Stanford-IDEO 모델

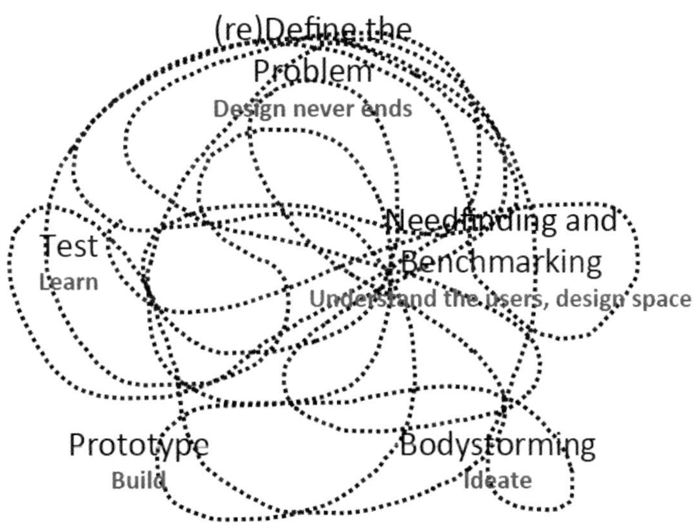

[그림 9.2] Stanford-IDEO 모델의 디자인싱킹 실행 프로세스

9.2. IDEO의 디자인싱킹 모델

이 모델은 관찰, 브레인스토밍, 신속한 프로토타이핑, 재발견, 실행 등으로 이어지는 절차를 따른다.

IDEO의 디자인싱킹 프로세스는 면밀한 관찰에서부터 시작한다. 이 프로세스는 현실에 입각하여 실생활에서 고객과 그들의 잠재적 욕구를 관찰한다. 재발견 단계라 할 수 있는 시각화단계에서는 시뮬레이션과 시제품을 만들어내고, 스토리보드를 활용하여 고객의 경험을 구성한다. 마지막 실행 단계에서는 개선되어야 할 부분을 평가하며, 사업화(비지니스화)를 염두에 두고 새로운 콘셉트를 실행한다. 이상을 각각 살펴보자.

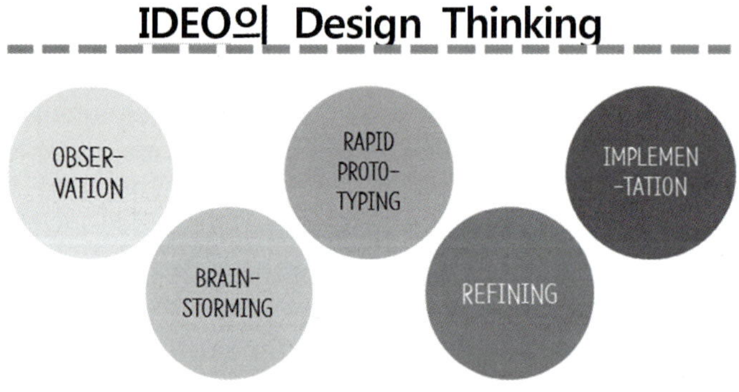

[그림 9.3] IDEO의 디자인싱킹 프로세스

1) 관찰

여러 분야의 전문가들로 컨설팅 팀을 구성하여 현장에 파견한다. 이들은 다양한 여러 가지 방법을 통해 문제점이 무엇인지를 정확히 찾아내는데, 이것이 관찰 단계의 핵심이라 할 수 있다.

2) 브레인스토밍

기존 브레인스토밍의 법칙을 따르되, 1시간 이내에 최소 100개 이상의 아이디어를 발상한다.

3) 신속한 프로토타입 제작

최종 결과물과 똑같은 형태의 모델을 만들어서 고객들이 직접 테스트하도록 한다. 이때 고객들이 보여주는 반응을 모두 기록 및 촬영하여 개선할 것은 즉각 수용한다.

4) 재발견

최적의 솔루션을 찾는다. 고객의 의견을 적극 반영하여 미세한 부분에 대해서도 디자인 개선이 이루어지도록 한다.

5) 실행

컨설팅 팀에 속하고 관련되는 모든 전문가들이 참여하여 최종 디자인을 만들고 완성품을 내놓는다.

9.3. 포츠담 대학 HPI D-School의 디자인싱킹 프로세스 모델

이 모델은 독일 포츠담 대학(Universitaet von Potsdam) HPI 연구소(Hasso Plattner Institut)에서 사용하는 디자인싱킹 모델이다.[19] 이 모델은 이해, 관찰, 착안점(문제 정의), 아이디어 발상, 프로토타입, 그리고 시험 등 6단계로 이루어져 있다. 이들은 서로 고리, 즉 루프(loop)로 연결되어 있지만 그렇다고 이 단계들을 반드시 순서대로 진행할 필요는 없으며, 필요하면 반복적으로 실행할 수 있다.

19_ Thoring, K., & Müller, R. M. (2011b). Understanding Design Thinking : A Process Model based on Method Engineering. International Conference on Engineering and Product Design Education, City University, London, UK. 참고

이 모델을 앞에서 다룬 스탠포드대학의 5단계 모델과 비교해볼 때 다음과 같은 차이점을 발견할 수 있다. 독일에서는 주제, 즉 문제에 대한 이해(Understanding)를 가장 중요한 출발점으로 놓고 있다. 그 다음으로 관찰과 착안점(Point of View; 문제 정의문)을 서로 연결시켜서 "고객의 진짜 문제 도출"을 위해 "관찰" 단계를 별도로 추가하고 있다. 그런 다음 아이디어를 발상하는 단계, 프로토타이핑을 하는 단계로 나아가서 테스트 단계 등으로 진행된다.

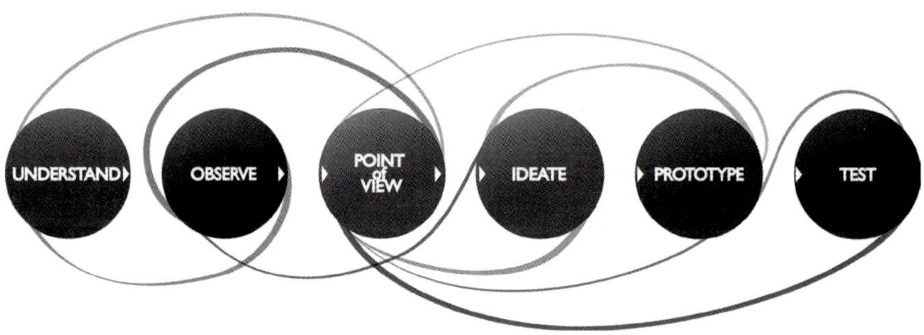

[그림 9.4] HPI D-School의 디자인싱킹 프로세스[20]

▶ 이해(Understand)

이 단계는 프로젝트를 실행하기 전에 조사 연구를 진행하는 단계이다. 즉 무엇을 하기 위해 디자인싱킹을 적용하는지 먼저 이해하는 것에서 출발한다.

▶ 관찰(Observe)

현장에서 사용자 혹은 고객을 대상으로 관찰, 인터뷰, 문화적 탐색, 또는 직접 체험 등을 시행하는 것을 말한다. 이때 특히 에스노그라피(Ethnography) 방법을 사용한다. 에스노그라피는 참가자관찰(Partipant Observation)이라 할 수 있는데 이는 현장에 가서 대상의 실제 행동을 관찰하는 것을 전제로 한다. 이 과정은 사용자

20_ Hasso Plattner, et al, 2009

에 대한 질적 연구 방법을 사용하는 단계이다.

▶ 문제 정의문, 착안점(Point of View)

이 단계에서는 앞에서 수집한 자료를 기초로 하여 문제를 확인·재구성하고 스토리텔링 등에 의해 다시 구조화하고 평가함으로써 사용자의 관점(Point of View)에 근거하여 문제 정의문을 만든다. 나아가 페르소나를 작성하여 궁극적으로 아이디어 발상 단계에서 사용하는 "어떻게 하면"(How-Might-We: HMW) 방식의 질문을 만든다.

▶ 아이디어 발상(Ideate)

이 단계에서는 브레인스토밍을 통해 아이디어를 발상한다. 브레인스토밍을 할 때는 앞에서 밝힌 것처럼 몇 가지 중요한 규칙들이 있다. 한 번에 한 사람만 발언하기, 엉뚱하거나 특이한 아이디어 환영, 판단 보류, 다른 사람의 아이디어에 편승, 나아가 아이디어의 질보다 양을 중요시하기 등이 바로 그것이다. 아이디어 발상 초기에는 확산적 사고로 아이디어를 많이 발상하고 후기에는 아이디어를 평가하는 수렴적 사고를 한다.

▶ 프로토타입(Prototype)

이 단계에서는 선정된 아이디어를 보거나, 만지거나 또는 시각화할 수 있도록 제작하여 말로 하는 것이 아니라 고객이 직접 볼 수 있게 만든다. 이때 스케치, 페이퍼 프로토타입, 실물에 가깝게 만드는 목업(mock-up), 역할극 등의 저정밀도 프로토타입을 제작할 수 있다. 나아가 비디오, 3D프린터 등 고정밀도 프로토타입도 이 단계에서 제작할 수 있다.

▶ 시험(Test)

이 단계는 사용자로부터 피드백을 얻어 프로토타입을 개선하는 단계이다.

9.4. 프로그(FROG)의 디자인싱킹 프로세스 모델

프로그(FROG)는 애플의 스티브 잡스와 함께 일한 컨설팅 회사로 "디자인은 감성을 만족시켜야 한다."는 기업 비전을 가지고 있다. 이 회사는 사용자와 제품 사이의 모든 접점을 관찰하여 사용자의 감성을 이끌어 낼 수 있는 디자인을 계발한다. 프로그(FROG)는 다음의 그림과 같이 3D(발견하기(Discover), 디자인(Design), 실현(Deliver)) 단계의 프로세스를 기본 틀(Framework)로 삼고 있다.

프로그 기본틀(FROG Framework)

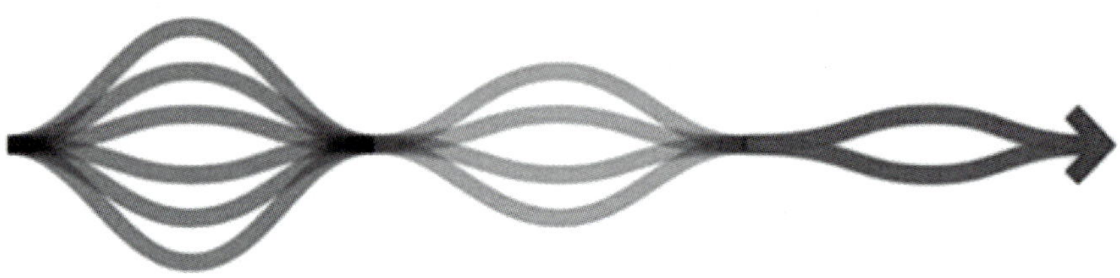

[그림 9.5] 프로그 3D 디자인싱킹 프로세스

이 모델을 좀 더 구체적으로 살펴보자. 먼저 발견(Discover) 단계에서는 분석을 통하여 깊은 통찰을 얻는다. 그 다음 디자인(Design) 단계에서는 통찰을 아이디어로 연결시킨다. 마지막 실현(Deliver) 단계에서는 아이디어를 현실화시킨다. 프로그(FROG)는 소비자 문화, 욕구 그리고 필요에 대한 깊이 있는 통찰력을 바탕으로 '조사 분석에 의한 문제 정의, 디자인 개발, 솔루션 실현'으로 이어지는 프로세스로 이루어져 있다.

이 회사는 1,000여 명의 직원을 가지고 있고 세계 12개국 이상에 오피스를 두고 있다. 나아가 이 회사는 디자인싱킹 컨설팅회사로, 주특기는 다양한 분야의 사람들이 협업을 통해 원활한 작업을 할 수 있도록 단계별로 체계적·구체적인 디자인 프로세스를 구축하는 것이다. 발견, 디자인 계발, 그리고 실현으로 이어지는 3D 단계를 세분화하면 다음의 5단계 프로세스가 된다. 〈표 9.1〉은 프로그(FROG)의 3D를 구체화한 5단계 디자인 프로세스를 정리한 것이다.

〈표 9.1〉 FROG의 디자인싱킹 프로세스

	단계	내용
1	통찰(Capture insight)	• 연구 설계(design research) • 실행으로 옮길 수 있는 통찰(insight into action) • 시장 조사 이상의 내용 탐색(beyond market research)
2	전략 정의(Define strategy)	• 마음으로 미래를 그려보기(envision future) • 사업성 인식(realize business) • 제품 정의(define offering) • 기술 계획(plan technology)
3	아이디어의 형상화(Shape idea)	• 스케치(sketching) • 개략적인 모형 제작(schematic modeling)
4	현실화(Make it real)	• 최종 제품 산출(Create final product)
5	개선(Coordinate change)	• 연구 설계(design research) • 실행으로 옮길 수 있는 통찰(insight into action) • 시장 조사 이상의 내용 탐색(beyond market research)

9.5. 스마트 디자인 그룹의 디자인싱킹 프로세스 모델

닉 베이크(CEO)가 이끌고 있는 스마트 디자인(Smart design) 그룹은 경험 디자인을 위한 독창적인 방법론을 계발하고 있다. 이 회사가 제시하는 디자인싱킹 프로세스는 사용자를 관찰하고 경험을 연구하는 관찰 단계, 사용자의 습관을 분석하여 통찰을 이끌어내는 분석 단계, 그리고 결과물을 도출하는 시각화 단계로 이루어져 있다.

스마트 디자인(SMART DESIGN)의 디자인싱킹

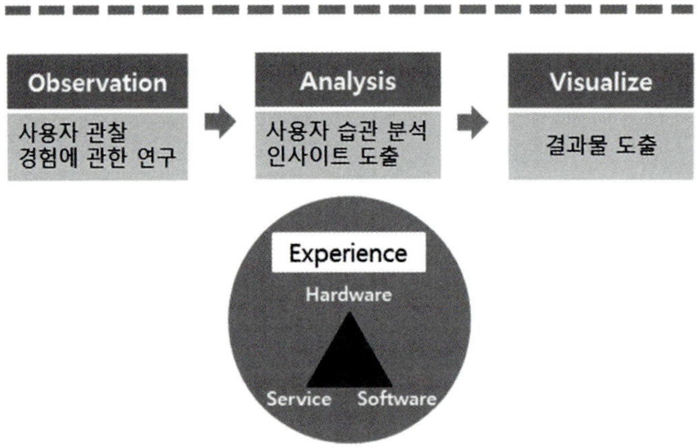

[그림 9.6] 스마트 디자인의 디자인싱킹 프로세스

스마트 디자인은 사용자가 제품을 통해 경험하는 것과 그러한 경험이 제품에 어떻게 반영되는지를 이해하기 위해 프로젝트마다 적합한 팀을 구성한다. 각 팀은 다양한 관점에서 분석하는 것을 강점으로 가지고 있다. 팀 작업은 한 사람의 경험을 총체적으로 이해하는 데 집중, 도중에 예상치 못한 문제가 발생하지 않도록 완벽히 준비하여 사용자 경험을 개발하는 프로세스를 갖고 있다.

스마트 디자인(Smart design)은 자신들만의 경험디자인 모델을 통해 사용자 중심의 디자인을 구현한다. 고객으로 하여금 보다 편리하게 디자인을 경험할 수 있도록 배려하는 이 회사의 디자인 철학은 단순히 제품 개발에 머물러 있지 않고, 사용자 경험을 서비스하는 통합적인 비즈니스 모델로 발전시키는 데 있다.

9.6. 컨틴움(CONTINUUM)의 디자인싱킹 프로세스 모델

미국 보스턴에 본사를 둔 디자인 및 이노베이션 컨설팅 회사인 컨틴움(Continuum)은 자신들을 문제 해결자로 정의하고 사용자의 요구(needs)를 이해하여 디자인하는 것을 목표로 한다. 이 회사는 여러 분야의 사람들이 다양한 시각과 관점으로 문제에 접근하여 사용자의 잠재된 니즈뿐만 아니라 동경하고 희망하는 요소까지 찾아내는 디자인 방법론을 구축하고 있다.

이 회사는 또한 디자인 영역이 확장됨에 따라, 제품 중심의 디자인에서 탈피하여 사용자 중심의 리서치와 비즈니스 전략을 바탕으로 전체적인 시스템을 구성하는 디자인을 구현하여 주목받고 있다. 다양한 시각으로 사용자를 조사·이해하여 문제를 해결해 나가는 디자인 프로세스는 진정한 사용자 중심의 비즈니스 솔루션을 제공한다.

컨틴윰사의 디자인싱킹 프로세스 모델은 연구(research), 개념 설계(concept), 개발 및 정교하게 다듬기(develop and refine), 사전 제작(pre-production), 그리고 제작 및 출시(production and roll-out)로 이어지는 단계를 따른다. 이를 구체적으로 살펴보면, 1) 연구 단계에서는 사용자, 시장, 및 기술에 대한 조사가 이루어진다. 이때 조사 방법으로는 주로 에스노그라피 기법이 사용된다. 2) 개념 설계 단계에서는 사용자의 참여하에 다양한 개념들을 제안한다. 3) 개발 및 정교하게 다듬기 단계는 일종의 프로토타입 제작에 해당된다. 그 후 사전 제작, 나아가 제작 및 출시로 이어진다.

이 회사의 장점인 사용자 니즈 파악에 대한 연구는 해를 거듭할수록 더욱 발전하였다. 그 결과 10년 전에는 제품 디자인 매출 비중이 70%에서 현재 30%로 축소된 반면, 컨설팅 관련 업무는 현격히 증가하였다. 가시적인 결과물이 나오는 디자인 업무 외에 보다 발전된 형태인 무형의 리서치와 전략적 프로젝트가 컨설팅 부문 비즈니스의 상당부분을 차지하고 있다.

9.7. 퓨즈 프로젝트(PUSE PROJECT)의 디자인싱킹 프로세스 모델

퓨즈 프로젝트의 디자인싱킹 프로세스 모델은 사용자의 경험을 조사하는 연구, 디자인과 브랜드를 함께 창출하는 브랜드 및 제작, 새로운 브랜드와 사업 스토리를 창조하는 시장 파괴 및 구축, 그리고 비즈니스 모델을 개발하는 등 다양한 단계로 이루어져 있다.

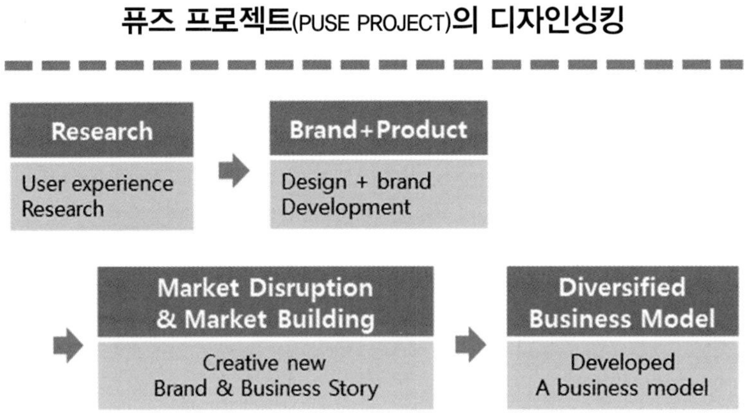

[그림 9.7] 퓨즈 프로젝트(PUSE PROJECT)의 디자인싱킹 프로세스

퓨즈 프로젝트의 디자인 계발 프로세스는 디자인이라는 단 하나의 관점만을 고집하지 않는다. 그 대신 스케일, 기능성, 테크놀로지, 제조 과정 등 서로 다른 프로젝트에 모두 적용될 수 있는 상대적 접근법을 활용하고 있다.

소비자의 감성과 기술을 연결하는 디자인을 구현하기 위해 퓨즈 프로젝트는 어떤 프로젝트든 관계없이 "왜?" 라는 질문을 가장 먼저 던진다. 왜냐하면 이 회사의 전략은 현재 시장의 니즈와 트렌드를 탐색하고 미래의 기술적, 사회적인 니즈와 트렌드의 시나리오를 창조하는 데 있기 때문이다. 높은 수준의 브랜드 전략에서부터 소비자에 대한 자료 수집까지, 나아가 상품 시장 분석에서부터 기술 평가까지, 그리고 디자인 전략에서부터 커뮤니케이션 계획까지 퓨즈 프로젝트의 전략적 노력은 총괄적이고도 행동지향적이다. 이처럼 퓨즈 프로젝트는 사용자와 기술의 전반적인 환경에 대한 이해를 바탕으로 현실 문제 해결에 접근하고 있다.

9.8. IBM의 Agile 디자인싱킹 프로세스 모델

IBM은 일찍부터 디자인의 중요성을 인식해 왔다. IBM의 CEO 토마스 왓슨 주니어 회장은 당시 미국의 어떤 최고 경영자보다 빨리 기업 이미지의 중요성을 깨달았다. 그는 1974년 펜실베니아대 와튼 경영대학원에서 개최된 세미나에서 강연을 통해 IBM이 세계적인 컴퓨터 회사로 자리 잡을 수 있었던 것은 바로 좋은 디자인 덕분이었다고 주장하였다.

IBM의 디자인싱킹은 모든 이해 관계자의 참여를 이끌어내어 사용자 중심의 소프트웨어를 개발하기 위한 여정이다. IBM의 역동적인 디자인싱킹의 세 가지 요소는 난관, 스폰서 사용자, 플레이 백(play back)이다. IBM은 최근에 "디자인싱킹"을 통해 고객의 경험을 혁신하고자 "IBM 디자인 스튜디오"를 서울에 오픈하였다. 여기서 고객들은 "인지적 해결법(Cognitive Solution)"과 초성능 컴퓨터인 왓슨 같은 혁신 기술을 활용하는 체험 및 학습을 할 수 있다. IBM은 앞으로 디자인싱킹에 입각한 고객 경험 디자인과 디지털 전문성을 융합하고, 고객의 입장에서 비즈니스 혁신을 이끌어 낼 수 있도록 지원할 계획을 갖고 있다. IBM에서 특히 중요하게 여기는 역동적 디자인싱킹 3요소는 다음과 같다.(그림 9.8 참조)

1) 난관

일반적으로 해결해야 할 문제와 고객 및 사용자 중심으로 하는 시장 반응을 말한다.

2) 스폰서 사용자

클라이언트, 잠재적 고객, 파트너 등 사용자가 처음부터 끝까지 디자인싱킹 과정에 참여한다. 스폰서 사용자는 전체 프로젝트가 성공적으로 진행되도록 도와주는 여러 분야의 전문가들을 지칭한다.

3) 플레이 백(Play back)

매월 정기적으로 주제 및 진행 중인 디자인과 결과물에 대한 이해를 높이기 위해 이 단계가 실시된다. 이 단계의 특징은 모든 이해 관계자가 실제처럼 만들어진 상황에 참여하여 현재 상황을 이해하는 데 도움을 준다.

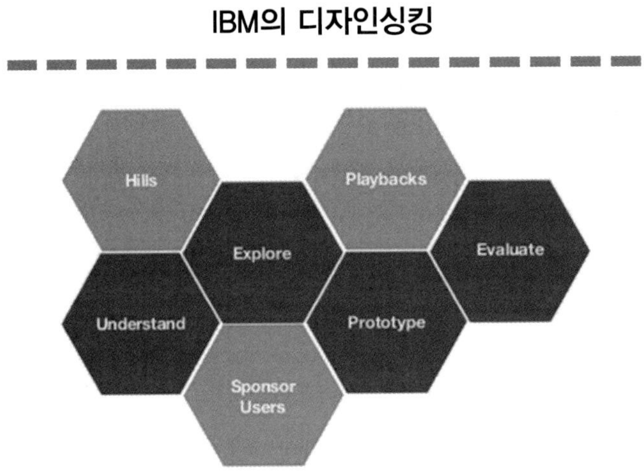

[그림 9.8] IBM의 디자인싱킹 프로세스

우리가 지금까지 설명한 여러가지 디자인싱킹 모델 외에도 변형된 몇 가지 다른 모델들이 있다. 앞에서 소개한 독일 포츠담대학의 HPI 연구소는 6단계 모델을 활용하고 있다. 이 모델은 이해(understand), 관찰(observe), 착안점(point of view), 아이디어 발상(ideate), 프로토타입(prototype), 그리고 시험(test) 단계로 이루어졌다. 그런데 이를 단순시킨 4단계 모델도 독일기업들에게 폭넓게 적용되고 있다. 즉 공감하기(empathize), 재구조화(reframe), 탐색(explore), 그리고 실행(execute) 등의 4단계로 구성된 모델이 그것이다.

'무엇'(What)이라는 의문사로 표현하는 버지니아 대학의 모델(University of Virginia)은 현상(What is?), 가정(What if), 실패(What woes?), 실현(What works?) 단계로 이루어진다. 더블 다이아몬드 모델은 서비스 디자인에 널리 적용된다. 이는 발견(discover),

정의(define), 개발(develop), 그리고 실현(deliver) 단계로 이루어진다.

노르웨이 NTNU대학 교수인 스타인어트(Steinert)와 스탠포드 대학의 라이퍼(Leifer) 교수가 주장하는 디자인싱킹 프로세스 모형을 살펴보자. 이것은 디자인, 제작, 그리고 시험의 단계로 이어지는 기본 사이클 내에 확산적 사고, 수렴적 사고, 깊은 추론에 의한 문제 제기, 그리고 디자인 생성을 위한 문제 제기 등으로 구성되어 있다. 이 모델은 부분적으로(fractal) 반복하는 디자인싱킹 프로세스 모형으로 다음 그림과 같이 설명될 수 있다.

[디자인싱킹을 엔지니어링 디자인 절차에 적용시키는 것은 부록 4에 기술되어 있다.]

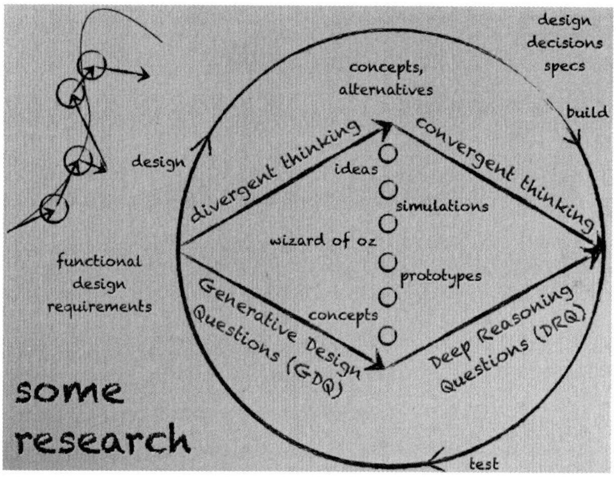

[그림 9.9] 기본 사이클의 부분 반복 모델

Steinert 교수와 Leifer 교수가 개발한 디자인싱킹을 위한 사냥꾼 모델(One Hunter model)은 다음과 같은 요소로 구성되어 있다.

1) 혼자서 사냥가는 것은 금물이다(Never go hunting alone)

고정된 관점을 가진 사람 혼자 문제를 해결하려고 하면 기존 선입관에 사로 잡혀 폭넓은 사고(system thinking)를 하지 못하게 되어 문제 해결에 실패할 수 있다. 따라서 다양한 전공을 가진 팀원들과 "무조건 협업"(radical collaboration)이 필수적이다.

2) 성급하게 결론내리는 것은 금물이다(Never go home prematurely)

너무 성급하게 결론을 내리지 말라는 의미이다. 급하게 기획하지 말고 그때 사정에 맞게 개발하다 보면, 다크 호스(Dark Horse) 프로토타입 같은 획기적인 아이디어가 나올 수도 있다. 이것은 Stanford-IDEO모델[그림 9.2]에서 반복적인 피드백을 통해서 해결책을 찾아가는 것과 같은 의미이다.

3) 사냥물을 집으로 가져오기(Bring it home)

충분한 반복과 피드백을 통해 결론을 얻는 것이 중요함을 의미한다. 즉 결과를 얻기 위해서는 여러 차례 시행착오를 겪으며 학습하는 것이 중요하다.

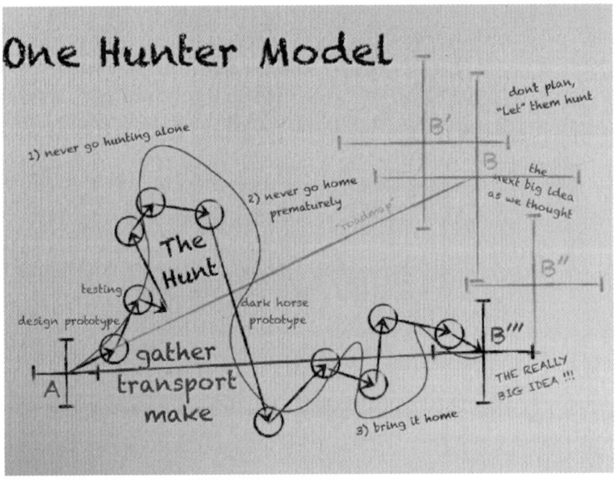

[그림 9.10] 사냥꾼(One Hunter) 모델(Steinert/Leifer 2012)

4) 계획만 세우지 말고 실제로 사냥을 해 보자(Don't plan, "Let" them hunt.)

너무 상세한 계획을 세우다 보면 오히려 실패할 수 있기 때문에 적절히 기획한 후에 계획을 실행하면서 미흡한 점을 조금씩 개선해나가야 한다. 이것은 "너무 과도한 계획은 오히려 위험하다"라는 말과 유사하다.

교육 및 교사들을 대상으로 디자인싱킹을 교육, 훈련시키는 오스트렐리아 AITSL(Accreditation of Initial Teacher Education Program in Australia)에서는 서비스와 상호작용 설계분야에서 디자인싱킹 원칙을 다음과 같이 적용하고 있다.

(1) 하나의 문제에 집중: 특정한 한 가지의 문제에 대해 집중적으로 정의하고 이를 구체화 및 정교하게 한다.

(2) 공감하기: 사용자들의 요구를 이해하기 위하여 공감할 수 있는 방법을 사용, 문제를 도출한다.

(3) 협업하기: 다양한 전공 배경을 가진 구성원들이 참여하여 공동의 목표를 달성하기 위한 기회를 포착하고 협력한다.

(4) 명확한 유형으로 만들기: 아이디어와 개념들을 보다 잘 조사할 수 있도록 시각적·촉각적인 도구와 절차를 활용한다.

(5) 안전한 실패와 빠른 실패하기(Fail-Safe-Fail-Fast): 저렴하게 또 작은 스케일로 아이디어를 시험하기 위해 프로타이핑 기술을 활용한다. 이것은 조기에 또 빈번히 실패를 경험하게 하라는 것이다.

(6) 역량 쌓기(Capacity-Building): 지속적 및 정교하게 시도하면서 새로운 방식으로 일할 수 있는 역량과 능력을 키운다.

이같은 원리를 체계적으로 구현하기 위하여 그 방안으로 삼각형(triple) 다이아몬드방법을 사용하고 있다. 이는 다음과 같다.

○자극하기: 문제정의와 혁신 동기를 자극한다.

○보육하기: 문제를 인간 중심적으로 탐구하여 해결 기회를 갖도록 통찰과 아

이디어를 개발한다. 이를 위해 에스노그래피 개념을 도입한다. 또 페르소나를 만들어서 극단적 사용자들에게 귀를 기울인다. 역할 중심으로 또 페이퍼 프로토타이핑을 활용하여 공개적인 행동 시뮬레이션을 활용한다.

○스케일: 혁신을 전파하기

디자인싱킹 사례를 홍보하고 전파하여 확산한다.

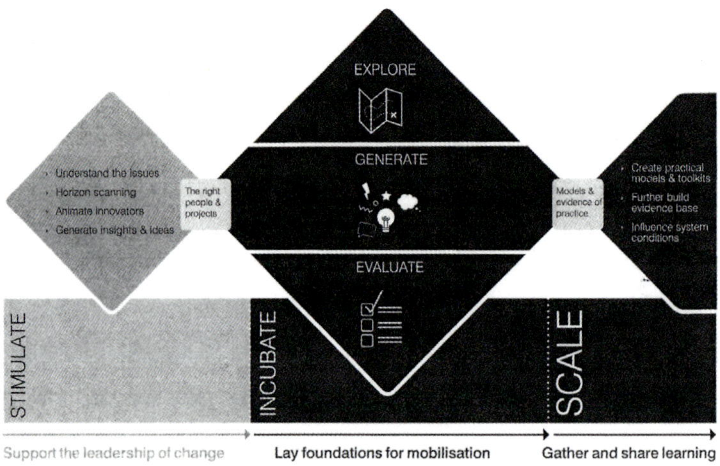

[그림 9.11] AITSL의 디자인싱킹 모델

9.9. 디자인싱킹의 5단계 프로세스

우리는 지금까지 디자인싱킹 프로세스의 다양한 모델들을 살펴보았다. 각 모델의 공통점을 정리해서 본서의 저자들이 워크숍 및 강의에 가장 빈번하게 사용해 온 5단계를 다음에 정리해 보았다.

제1단계(공감): 고객의 깊은 니즈(Needs)를 파악한다.

제2단계(문제정의): 문제와 목표를 정의한다.

제3단계(아이디어 발상): 아이디어를 개발한다.

제4단계(프로토타입): 아이디어를 보고 또 만질 수 있는 구체적인 형태로 만든다.

제5단계(테스트): 아이디어를 평가한다.

이제 이상의 각 단계를 다시 하나씩 자세히 살펴보자.

▶ 제1단계(공감): 고객의 니즈를 파악한다.

고객 및 사용자(user)의 행동을 관찰하고, 니즈를 파악하며 나아가 이들의 감성에 공감하면서 진정으로 원하거나 또 추구하고 있는 것이 무엇인가를 밝혀내는 단계이다. 이때 동원하는 주요 방법은 관찰, 인터뷰 및 체험하기이다.

▶ 제2단계(문제 정의): 문제점과 목표를 정한다.

문제 정의는 고객 및 사용자의 욕구가 충족되지 않은 것이 있다면 그것이 무엇인가를 밝히는 것이다. 이것을 통상 문제 정의문 또는 착안점이라고 말한다. 이는 실제로 해결하여야 할 문제를 결정하는 것에 해당된다. 이때 정의된 문제, 즉 착안점은 가능하면 간단하게 기술하는 것(Simplicity)이 좋다.

▶ 제3단계(아이디어 발상): 아이디어를 도출한다.

정의된 문제, 즉 착안점을 이상적인 상태로 변환시키기 위해 해결방안에 도달할 수 있도록 아이디어를 내는 것을 의미한다. 아이디어를 발상하는 창조력 발휘 단계에는 여러 가지 테크놀로지를 활용한다. 특히 아이디어 발상 시 개인이 아닌 팀으로 하여금 다양한 관점에서 다수의 아이디어를 내도록 고무시킨다. 이 단계 후반에는 발상된 아이디어의 평가와 선정도 포함한다.

▶ 제4단계(프로토타입): 아이디어를 보고 만질 수 있는 형태로 만든다.

발상된 아이디어를 실제 눈으로 보고 만질 수 있는 형태로 바꾸는 것을 말한다. 이것을 프로토타이핑이라 부르는데, 여기에는 스토리나 또는 그림으로 제시하는 것도 포함된다.

▶ 제5단계(테스트): 아이디어를 평가한다.

목적 달성 여부를 검증하는 것으로, 고객으로 하여금 제시된 해결책을 테스트하도록 한다. 이때 제시된 해결책에 대해 고객이 만족하고 또 동의할 때까지 실시 및 반복한다. 테스트 단계는 프로토타입을 고객에게 실제로 사용해 보게 하고 또 경험하고 실행해 보도록 요청하여, 이에 대한 고객의 반응을 관찰하는 것이다. 특히 고객들이 어떻게 경험하고 느꼈는지를 말하도록 유도해야 한다.

[그림 9.12] 다른 문화 고객과의 공감하기

〈디자인싱킹 성공 사례: 거친 손마디를 가진 고객을 위한 디자인〉

(Big cushy handle)

- **포인트**: 극단적 사용자(extreme user)에 대한 디자인싱킹 사례
- 손가락 관절염으로 인한 '거친 손마디'를 가진 주부들을 위한 주방 기구 디자인
- 손가락 관절염을 앓고 있는 여성들이 감자깎이 등 주방 기구들을 사용하면서 자주 고통을 호소하는 것에서 착안함
- **개발자**: OXO사

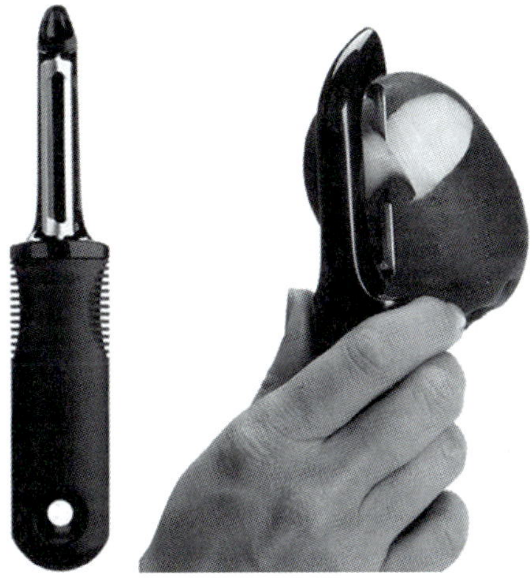

[그림 9.13] 관절염 환자용 Big Cushy handle

chapter 10

인간 중심 디자인을 위한 **연구 툴**

10.1. 인간 중심 디자인의 3가지 관점

인간 중심 디자인은 세상을 위해 새로운 솔루션을 만들기 위한 일련의 과정이자 방법론이다. 이때 해결방안인 솔루션은 제품, 서비스, 환경, 조직 구조, 사람들 간의 상호작용 방식 등 다양한 형태가 될 수 있다.

디자인싱킹 프로세스를 "인간 중심"이라고 부르는 이유는 항상 디자인의 대상이 되는 "사람들"과 함께 하기 때문이다. 인간 중심 디자인싱킹 프로세스는 우리가 문제해결, 즉 솔루션을 통하여 영향을 주고자 하는 사람들의 니즈와 꿈, 행동들을 파악하는 것에서부터 시작한다. 그렇기 때문에 사람들이 원하는 것, 욕구 즉 니즈를 진지하게 경청하고, 사려 깊게 이해하는 것이 매우 중요하다.

이 같은 태도로 프로젝트를 대하는 것을 우리는 인간 중심 접근법, 즉 적합성(Desirability)이라고 한다. 디자인 프로세스 전체는 적합성의 관점에서 운영하고 바라보는 것이 바람직하다. 따라서 무엇이 가장 적합한가를 파악한 다음 테크놀러지에 입각한 실현 가능성(Feasibility)과 비즈니스 측면에서 지속성(Viability)이라는 기준을 통해서 문제해결인 솔루션을 찾아야 한다. 디자인싱킹의 후반부에는 특히 실현가능성과 지속성을 더욱 신중히 고려해야 한다.

요약하면 디자인싱킹에서 추구하는 인간 중심적 접근은 다음의 세 가지 차원을 근본으로 한다고 할 수 있다.

1) 적합성: 사람들이 진심으로 바라고 원하는 것이 무엇인가?

2) 실현 가능성: 기술적 및 조직적 측면에서 실현 가능한 것인가?

3) 지속성: 경제적, 재정적 측면으로 보아 지속 가능한 것인가?

이처럼 인간 중심 디자인 방법을 통해 추구하는 해결책인 솔루션은 여기에 제시한 세 가지 조건을 동시에 고려하면서 제안되어야 한다. 즉 솔루션은 고객/사용자의 니즈에 적합하게 부응해야 하고, 기술적으로 조직이 실현할 수 있어야 할 뿐만 아니라 나아가서 경제적으로 자생 능력을 갖추고 지속적으로 실행이 가능해야 한다.

10.2. 인간 중심 디자인 프로세스

인간 중심의 디자인 프로세스는 디자인싱킹 프로세스와 비슷하다. 이 과정을 살펴보면 다음과 같다.

1) 듣기(Hear)

듣기 단계에서 디자인 팀은 사람들로부터 생생한 현장의 소리 및 스토리를 수집하고, 여기에서 디자인에 도움이 되는 영감을 얻는다. 이 과정에서 현장 조사를 준비하고 실행에 착수한다. 이때 활용하는 방법으로 관찰 및 인터뷰가 있다.

2) 창조하기(Ideate)

〈창조하기〉 단계에서는 디자인싱킹 팀이 워크숍 형식의 공동 작업을 실시함으로써 〈듣기〉 단계에서 수집한 자료들을 구조화된 유형(패턴), 틀 짜기(프레임워크), 기회 영역 탐색, 솔루션 및 프로토타입 등으로 구분해서 구체화시킨다.

이 단계에서는 기회 영역과 핵심적인 문제를 파악함에 있어서 실제적 문제에서 벗어나 추상적 사고 과정을 거치게 되고, 다시 현실적 솔루션과 프로토타입을 제작하는 단계로 되돌아오게 된다.

3) 전달하기(Deliver)

이 단계는 신속한 수익-비용 모델, 역량 평가, 실행 계획 수립 등을 통해서 제안한 솔루션을 평가하고 또 다시 진일보한 새 솔루션을 도출할 수 있도록 돕는 전 과정을 말한다.

고객에게 진정으로 도움을 주는, 의미 있고 혁신적인 솔루션을 디자인하는 것은 고객의 니즈, 바람, 소망 등을 이해하는 것에서 부터 시작된다.

특히 듣기 단계는 팀원들이 문제를 깊이 있게 이해하기 위해서 각 현장의 상황과 맥락을 보다 의미 있게 이해할 수 있도록 해 주는 기회를 제공한다.

이 단계에서는 다음과 같은 질문을 중심으로 전략을 계발하는 것이 바람직하다.

- 누구와 대화(인터뷰)를 할 것인가?
- 어떻게 공감을 얻을 것인가?
- 어떻게 스토리를 포착해 낼 것인가?

듣기 단계에 얻게 되는 결과물로는 다음과 같은 것이 있다.

- 고객의 스토리
- 고객의 실제 생활에 대한 관찰
- 니즈, 장애물, 제약 사항에 대한 깊은 이해

10.3. 질적 연구 방법(Qualitative Research Method)

질적 연구 방법은 디자인싱킹 팀으로 하여금 디자인 대상이 되는 사람들을 깊이 이해하고 또 공감할 수 있도록 도와준다. 대표적인 질적 연구 방법인 에스노그라피에 입각해서 인터뷰를 실시하면, 연구하고자 하는 가정을 검증하고 새로운 솔루션을 찾는 데 유용하다.

질적 연구를 실시하면 먼저 상상력을 북돋워 주고, 새로운 기회와 아이디어를 얻을 수 있도록 직관을 일깨워 주는 등 살아서 약동하는(generative) 접근을 할 수 있다. 그리고 프로젝트가 진행되면 질적 연구 방법은 아이디어 및 솔루션에 대한 사람들의 반응을 신속히 파악하는 평가적인(evaluative) 특징도 갖게 된다.

질적 방법은 양적 방법과 달리 고객이 가진 내면의 깊숙한 니즈, 희망 및 소망 등을 밝혀낼 수 있다. 이러한 질적 방법은 특히 프로젝트의 초기 단계에서 적용하는 것이 유용하다.

질적 조사는 사람, 장소, 사물 및 조직, 기관들 사이의 역학관계를 분석하고 도식화할 수 있는 좋은 방법이다. 이것이 가능한 이유는 사회적 현상이란 대개 상호관계를 가지기 때문이다. 질적 조사 방법을 통해서 다양한 현상들의 극단적인 경우(extreme cases)들을 면밀히 조사하면 전체적인 관계를 밝혀낼 수 있다. 현상적 사례들을 도식화하면 마치 지도와 같이 그 요인들의 상대적 위치와 관계까지도 파악할 수 있다.

일단 이러한 관계들이 밝혀지면, 이를 바탕으로 해석적 방법을 통해 더욱 심층적으로 파고들거나 또는 정량적 테스트를 통해 추가되는 내용을 찾아낼 수 있다.

근래 에스노그래피를 활용한 질적 연구를 활발하게 하는 컨설팅회사들이 증가하고 있다. 앞에서도 소개했지만 ReD라는 덴마크 및 미국 소재 컨설팅회사는 보드카를 마시는 행동에 대한 연구를 미국 소재 보드카 판매 회사로부터 프로젝트로 의뢰받았다. 히스페닉 멕시칸들이 파티에서 즐겨 마시는 보드카를 중심으로 실시한 질적 연구 사례가 그 대표적인 연구 중 하나라고 할 수 있다.

ReD 컨설팅은 우선 여러 사람들이 모여서 파티를 하는 기회를 물색하고 이들과 계약을 체결해서 연구를 수행하였다. 이 회사는 먼저 파티를 개최하는 히스패닉계 사람들에게 연구에 협조하는 대가로 파티 비용의 일부를 지불하였다. 그리고 현장으로 에스노그래피 전문가를 파견하기 전에 파티에서 하는 행동, 즉 음주 행동을 관찰 및 기록 그리고 인터뷰를 하도록 허락을 받았다.

파티가 진행 중이어도 질문을 할 수 있도록 합의하였고, 특히 기록을 위해서 카메라 촬영 및 녹음에 대한 동의도 얻었다. 디자인싱킹 연구자들은 늦은 오후부터 시작한 파티가 자정이 지나도록 진행되는 전체 프로세스, 파티 참가자들 사이의 상호 작용, 축배를 드는 계기나 구호 외치기 등등에 대한 면밀한 관찰과 기록 그리고 지속적인 질문 제기 등을 실시하였다.

이후 이 회사는 에스노그래피를 통한 보드카 음주 행동 연구 결과가 수천 명을 대상으로 실시하여 왔던 양적 조사(Quantitative method)보다 파악하고자 하는 주제를 훨씬 정확하게 맞추었다고 보고하였다. 나아가 비용 면에서도 질적 연구가 훨씬 저비용으로 진행되었음을 밝힌 바 있다. 보드카 중심으로 수행한 연구는 그 이후 "사람들이 왜 술을 마시는가?"라는 주제인 "음주 행동" 연구로까지 확대되었다. 국내 기업으로는 삼성전자가 사람들의 스마트폰 사용 행동에 관한 관찰 연구를 하기 위해 에스토그라피 방법을 활용하고 있다. 실제 이 방법은 기존에 널리 사용되는 양적 조사 방법인 전화 인터뷰, 설문지, 온라인 질문법 등 보다 효과적이기에 점차 사용 범위가 확대되는 추세다.

10.4. 디자인 과제 정의하기

우리는 어떤 주제에 대해서 이미 상당한 지식을 가지고 프로젝트를 시작한다. 따라서 이미 알고 있는 정보나 지식을 미리 문서로 정리해 두면, 프로젝트를 할 때 잘 파악하지 못한 것 중심으로 탐색하는 데에만 초점을 집중시킬 수 있기 때문에 시간과 에너지를 절약할 수 있다.

시작은 했지만 아직까지 잘 이해하지 못한 최종 과제를 발견하기 위해 포스트잇에 디자인 과제(챌린지)에 대해 이미 알고 있는 것을 중심으로 다음과 같은 내용을 정리할 수 있다.

- 고객/사용자가 필요로 하거나 원하는 것이 무엇인가?
- 어떤 테크놀로지가 이 과제(챌린지) 해결에 도움을 줄 것인가?
- 어떤 해결방안(솔루션)이나 아이디어가 다른 분야에서 이미 시도된 적이 있는가?
- 디자인 과제(챌린지)를 해결하는 방법으로 초기 가설에는 어떤 것이 있는가?
- 모순이나 갈등이 있는가? 고객의 니즈, 기술적 가능성 또는 아이디어를 구현하는 방법들 중에서 프로젝트 팀은 어떤 분야에 필요한 역량을 가지고 있는가?

진행 가이드

디자인싱킹 팀이 프로젝트를 진행할 때 다음과 같은 단계를 밟아 가는 것이 바람직하다.

〈표 10.1〉 디자인싱킹 팀의 프로젝트 진행 단계

1단계	팀원 모두가 볼 수 있도록 디자인 과제(챌린지)를 게시한다.
2단계	팀원들에게 포스트잇을 나눠주고, 과제에 대해 이미 알고 있는 것을 쓰도록 한다. 이때 포스트잇 한 장에 하나의 정보만 기록한다.
3단계	팀원 각자는 자신이 기록한 것을 소리 내어 읽고, 디자인 과제(챌린지) 밑에 붙인다. 다른 팀원들에게 제시된 내용에 대해 코멘트나 반대 의견이 있으면 이를 제기하도록 유도한다.
4단계	팀원들에게 과제(챌린지)와 관련하여 불확실한 것이 있으면 이를 포스트잇에 기록하고 소리 내어 읽도록 한다. 이때 기록한 것들은 별도의 공간에 붙인다.
5단계	포스트잇을 주제별로 분류하여 조사 방법, 미팅 계획, 그리고 인터뷰 가이드 등을 개발하는 데 활용한다.

10.5. 인터뷰 실시

디자인싱킹 팀이 필드워크를 하기 위해서 현장에 나가 고객과 인터뷰하는 것은 생각보다 쉽지 않다. 왜냐하면 고객들은 자신의 일정을 가지고 있을 뿐만 아니라 그들의 시간 역시 제한되어 있기 때문에 항상 인터뷰에 우호적으로 임하는 것을 기대하기는 어렵다. 다음에 인터뷰를 효과적으로 진행하는 방법에 대해 살펴보자.

그룹 인터뷰

그룹 인터뷰를 실시하는 목적은 가능한 한 다양한 정보를 참가자들로부터 얻는 데 있다. 효과적인 그룹 인터뷰를 실시하기 위한 가이드를 제시하면 다음과 같다.

- 서로 다른 연령, 성별 그리고 사회경제적 배경을 가진 인터뷰 대상 7~10명을 그룹으로 선정한다.
- 인터뷰를 실시하는 장소는 성별, 연령, 지위, 인종 등에 관계없이 모든 사람이 쉽게 접근할 수 있는 중립적인 오픈 공간이 바람직하다.
- 인터뷰를 실시하는 나라, 문화 나아가 지역의 습관 및 관습을 준수하여 남녀 혼합 또는 동성으로 그룹을 편성한다(남자와 여자가 따로 만나야 하는 경우도 있다).
- 특히 인터뷰 진행자는 두 명으로 구성하는 것이 바람직하다. 이때 한 사람이 인터뷰를 실시하는 동안 다른 사람은 기록을 맡는다.

그룹 인터뷰 중 참가자들로부터 다양한 정보를 얻기 위하여 다음과 같은 내용에 대해 이들의 반응을 추가로 조사한다.

- 참가자들이 무엇을 생각하고 또 그것에 대해 어떻게 느끼는가?
- 이들은 프로젝트 팀이 한 제안에 대해 어떻게 평가하는가?

- 미래에 필요로 하는 잠재적 니즈에는 어떤 것이 있는가?
- 아이디어를 실행하는 데 방해가 되는 것은 무엇인가?
- 조사를 가장 많이 필요로 하는 니즈는 무엇인가?
- 논의한 내용을 어떤 카테고리로 분류할 것인가?

다음과 같이 공간 및 물리적 배치 등에 유의하면서 그룹 인터뷰를 진행한다.

- 인터뷰 참가자와 반드시 같은 높이의 의자에 앉는다.
- 인터뷰를 실시하는 팀원이 한 명 이상인 경우, 팀원끼리 함께 앉지 말고 인터뷰에 참가하는 사람들 속에 섞여 앉는다.
- 인터뷰를 실시하는 팀원이란 신분을 나타낼 수 있는 복장은 입지 않는다.
- 그 대신 인터뷰 참가자와 동일한 신분 및 입장이라고 느낄 수 있는 복장을 하는 것이 바람직하다.

인터뷰 방법 가이드

인터뷰는 고객 집단으로부터 문제와 관련된 정보를 수집하는 것이 목적이다. 따라서 고객이 호기심을 가지고 공감하는 동료와 같은 느낌을 갖도록 하는 것이 바람직하다. 이 두 가지 니즈 간에 균형을 유지하면서 인터뷰를 진행하는 것이 중요하다.

인터뷰를 통해서 찾고자 하는 정보를 얻는 것이 목적인데, 이를 위해서는 인터뷰 실시자는 상당한 수준의 경험과 지식이 요구된다. 인터뷰 방법을 개발하는 데 도움을 주는 것으로 다음 세 가지를 꼽을 수 있다. 여기에는 인터뷰 가이드, 상쇄 개념(Sacrifice concepts), 그리고 인터뷰 기법이 그것이다. 이제 이들을 차례로 살펴보자.

▶ 인터뷰 가이드(Interview guide)

여기에는 반 구조화된 인터뷰(Semi-structured) 방법이 있다. 이것은 특정한 주제를 중심으로 인터뷰 참가자들과 대화를 나눌 뿐만 아니라 이들로 하여금 깊이 몰입

할 수 있게 하는 방법이다.

나아가 사려 깊게 구조화한 인터뷰 질문들을 활용하면 인터뷰를 원활하게 진행하는 데 큰 도움이 된다. 즉 구조화된 인터뷰 질문은 인터뷰 참가자들로 하여금 일상의 주제에서부터 시작해서 그들의 니즈가 반영되는 이상적 상태에 이르기까지 자기 자신의 생각을 자연스럽게 또 적극적으로 말하도록 유도할 수 있다.

〈표 10.2〉 인터뷰 진행 단계

단계		다루는 내용 예시
1	• 일반적인 질문을 가지고 시작해서 구체적인 질문으로 진행: 참가자가 편하게 느낄 수 있는 질문부터 가볍게 시작함	1) 인적 사항과 가족 사항 2) 가정에서 부부가 서로 어떤 다른 역할을 담당하는가? 3) 최근에 있었던 자기와 관련된 스토리를 말해 달라고 요청함
2	• 범위를 넓히기: 일상 생활에서 벗어나 개인적인 희망, 포부, 생각 등에 대해서 말하도록 요청함	1) 미래에 대한 소원 2) 장래에 대한 계획
3	• 깊게 탐구하기: 과제(챌린지)에 대해 "만약 ~하다면, 어떻게 될까?"(what~ if~) 등과 같은 시나리오를 던지면서 깊게 파고 듦	1) 생계 수입원 2) 정보 입수처 3) 재정 상태 4) 인생에서 좌절을 경험했을 때 누구에게 조언을 구하는가? 5) 새로운 일을 하는 방식에 대해 들어본 적이 있는가? 어떻게 듣게 되었는가? 등

▶ 상쇄 개념(Sacrificial Concepts)

상쇄 개념은 문제를 깊이 있게 이해할 수 있도록 도와준다. 상쇄 개념을 적용하는 목적은 주제에 대해 심도 있게 이해하기 위한 것이기 때문에, 이때 실현 가능성이나 지속성을 엄격하게 적용할 필요는 없다.

상쇄 개념을 잘 활용하면서 대화를 진행한다. 상쇄 개념은 인터뷰 참가자들이 자신들의 이야기를 좀 더 구체적으로 하도록 부추기기 때문에 우리가 가정한 가설을 점검하고 그 해결 방안에 도전하는 데 도움을 준다.

한편 대답하기 어려운 추상적 질문들도 있다. 위험, 보험, 보상에 대한 질문, 상쇄 관계에 대한 질문, 투자 수익(ROI: Retun on investment)에 대한 질문, 그리고 미래의 행동에 대한 질문 등은 대답하기 어려운 추상적 질문들에 속한다. 따라서 추상적인 내용을 질문할 때는 상당한 기술이 필요하다.

▶ 인터뷰 기술(Interview technique)

사람들은 자주 스토리를 통해서 일상적 경험에서 나오는 중요한 문제와 기회를 제시한다. 이때 자신이 그렇게 한다고 말하는 것과 실제로 하는 행동이 종종 서로 다른 경우가 있다. 나아가 인터뷰를 할 때는 직설적인 질문은 하지 않는 것이 좋다. 왜냐하면 인터뷰를 통해서 개인들의 풍부한 스토리를 수집하는 것이 더 중요하기 때문이다.

〈스마트폰 사용 방법에 대한 인터뷰 사례〉

1) 두 사람씩 짝을 지어 팀을 만든다.

2) A와 B가 팀인 경우 먼저 A가 B에게 스마트 폰 주소록에 상대방 전화번호를 입력하는 방법을 보여 달라고 부탁한다.

3) B도 A에게 똑같은 과정을 요청한다.

4) 각 팀은 "5 Why" 질문법 사용을 연습한다.

5) 파트너에게 최근 주소록에 입력한 연락처에 대해 물어 본 후에 5회에 걸쳐 연속적으로 "왜 그렇게 했습니까?"라는 질문을 한다.

☞ 심층 질문인 '5 Why'를 통해 상대방의 행동 양식을 깊이 이해할 수 있음.

10.6. 공감적 디자인(Empathic design)

공감을 통하여 문제 해결책(솔루션)을 개발하는 방법은 디자인 팀이 가진 전문성과 고객이나 사용자가 가진 현실적 니즈를 결합시키는 방법이다. 공감이 가지는 주요한 의미는 디자인 대상이 되는 고객들의 문제에 대해 깊은 이해를 가능하게 해 주기 때문이다.

따라서 창조 단계(아이디어 발상 단계; Create phase)에 들어가기 전에 공감적 디자인 방법을 활용하여 다양한 고객들을 조사하고 그들의 입장이 되어서 진정한 문제를 찾는 것이 중요하다.

공감적 디자인은 고객이나 사용자를 깊이 이해하고 또 이들에게 적절하고 혁신적인 솔루션을 제시할 수 있다. 그러나 이 방법이 가진 어려움은 디자인 팀이 탐색하는 고객의 문제를 머리로만 이해해서는 안 되고, 깊은 고민을 통해 고객의 심층적 감성을 반영한 문제를 발견함으로써 해결방안(솔루션)을 만들어야 한다는 점에 있다.

특히 공감적 디자인이 필요한 경우가 있다. 이 때는 디자인싱킹을 활용하여 다음과 같이 공감적으로 접근하는 경우에 유효하다.

- 디자인 팀이 솔루션을 개발하는 데 필요한 특정 기술을 가지고 있을 때
- 찾고자 하는 솔루션이 "기존에는 존재하지 않는 새로운 것"일 경우
- 조직 또는 해당 커뮤니티의 정치적 문제 때문에 같이 일할 팀원들 선정이 어려울 때

공감적 디자인은 다음과 같이 4단계로 구성된다.

〈표 10.3〉 공감적 디자인 4단계

1단계	디자인 팀원들로 하여금 고객의 이성적인 측면과 감성적인 측면을 모두 고려하라고 요구한다.
2단계	디자인 팀원들이 고객들의 행동이나 태도에 대해 인터뷰할 때, 그 목적은 고객을 이해하고 공감하기 위한 것이지 이들을 판단하기 위한 것이 아니라는 점을 반드시 환기시켜야 한다.
3단계	공감을 이루기 위해서 듣기 단계(Hear Stage)에서 디자인 팀원들이 고객들과 충분한 대화를 나누었는지를 확인한다.
4단계	고객이나 사용자들이 하는 행동에 대한 이유를 팀원들이 이해나 공감을 하지 못하는 경우, 현장에 가서 더 많은 조사를 실시해야 한다.

10.7. 패턴 인식하기(Identify patterns)

조사 결과를 파악하는 것은 일정한 유형(패턴), 테마, 정보 사이에 나타나는 관계를 인식하는 것으로 마무리한다. 이 과정은 때로는 혼란스럽고 어렵지만, 궁극적으로 매우 보람있다. 이를 위해 획득한 자료 간에 나타나는 패턴을 인식하고 연결시키는 것은 실제로 해결방안(솔루션)에 이르도록 하는 데 큰 도움을 준다. 이때 적용하는 주제에 따라 선택적으로 사용할 수 있는 3단계 프로세스에는 통찰 도출, 테마 찾기, 그리고 프레임 만들기 등이 있다. 아래에서 이상 각각을 살펴보자.

주요 통찰 도출(Extract Key Insights)

통찰은 주목을 해도 찾지 못했던 예상치 못한 것을 밝혀내는 것이다. 또 통찰은 개별적인 스토리에서 중요한 진리를 추론해 내는 것이다. 통찰은 새로운 시각으로 디자인 과제를 볼 수 있도록 도와준다.

통찰을 통해서 시사점을 발견하는 것은 숨겨진 가시성과 명확성을 얻는 것이다. 공감을 통해 획득한 관찰 및 인터뷰 결과는 패턴, 테마, 정보 사이에 나타나는 관계를 인식하는 데도 도움이 된다.

테마 찾기(Find themes)

테마 찾기는 정보 간의 공통점, 차이점 그리고 상호관계를 탐색하는 것이다. 이 작업을 수행하는 방법으로는 카테고리 찾기와 분류하기, 카테고리들 사이의 관계 고려하기, 그룹핑(grouping) 및 재그룹핑(re-grouping), 그리고 팀의 의견 구하기 등이 있다.

수집한 자료를 그룹핑하여 테마를 만드는 것은 매력적이고 귀중한 경험이 될 수 있다. 이를 위해 다음의 몇 가지 유용한 기술을 활용할 수 있다.

- 어떻게 분류하고 테마를 만들 것인지를 결정하기 위해 팀으로 접근한다.
- 분류 작업이 만족스러울 때까지 벽에 붙인 포스트잇들을 몇 번이고 재정리한다.
- 대부분의 포스트잇의 내용을 포괄하는 테마가 있을 경우에는 몇 개의 작은

테마로 나누고 정보들 간의 연관성 뿐만 아니라 차이점도 검토한다.

테마를 찾는 기법 중의 하나로 스토리에서 확인된 문제와 니즈를 가지고 통찰과 테마로 변환시키는 포인트(P.O.I.N.T) 기법이 있다. 이 기법은 문제(PROBLEM)의 P, 장애물(OBSTACLE)의 O, 통찰(INSIGHT)의 I, 니즈(NEEDS)의 N, 그리고 테마(THEMA)의 T의 머리글자를 조합한 약어이다.

프레임웍 만들기

프레임웍이란 무엇인가? 프레임웍은 시스템을 시각적으로 표현하는 방법이다. 즉 이것은 상호작용하는 각각의 요소 및 관계하는 사람들이 누구인지 그리고 그들 사이의 관계가 어떠한지를 보여주는 방법이다. 나아가 프레임웍은 스토리에서 얻은 특정 정보를 더 큰 시스템의 맥락에 대입할 수 있게 해 준다.

좋은 프레임웍은 명확하고 포괄적인 방법으로 문제와 연관되는 사람 및 내용을 볼 수 있도록 도와준다. 프레임웍을 만들면 구성원들과 이들이 조직에 어떤 의미를 가지는지 등에 대해 논의할 수 있다. 프레임웍을 만들 때, 핵심이 되는 통찰을 바탕으로 개발하는 것이 바람직하다.

대부분의 경우 두 개의 서로 다른 프레임웍을 만드는 것이 바람직하다. 예를 들면 여성 스토리와 남성 스토리는 서로 다를 수 있다. 이때 성별 차이가 하나의 테마가 될 수 있기 때문이다. 구체적으로 말해 여성들이 말하는 가족 활동이나 소득 관계 스토리는 남성들이 말하는 것과 다를 수 있다. 만일 이 같은 질문에 대답이 "예"라고 긍정적으로 도출된다면, 남녀를 위해 서로 다른 영역을 가지는 두 개의 프레임 워크를 만드는 방법을 생각해야 한다.

기회 영역 만들기(Create opportunity areas)

지금까지 활동한 것으로부터 디자인 프로젝트의 테마와 패턴을 이끌어 냈다면 이제부터는 기회 영역 만들기를 시작할 수 있다. 여기서 말하는 통찰을 기회로 전환시키는 과정은 현재 상태에서 미래 가능성을 확인하는 단계로 이행하는 것과 같다. 기회는 아이디어와 솔루션을 내기 위한 발판이다. 기회 영역이 가진 특징을 정리하면 다음과 같다.

- 기회 영역은 아이디어 창출의 디딤돌이다.
- 기회 영역은 생산적이며 미래 지향적으로 문제나 니즈를 드러낸다.
- 기회 영역은 솔루션은 아니지만 솔루션 이상의 의미를 가진다. 즉 팀으로 하여금 다수의 솔루션을 도출해 낼 수 있게 만든다.

이제 기회 영역을 구성하는 방법을 살펴보자. "어떻게 하면 ~할 수 있을까?"(HMW)라는 문장으로 기회 영역을 기술한다. 이렇게 시작한 각 문장을 포스트잇에 "어떻게"라고 표기한다. 이때 통찰에 사용하였던 포스트잇의 색과 구분이 가능한 다른 색의 포스트잇을 이용하여 기회 영역을 적는 것이 바람직하다. 이같은 활동은 다음단계에서 통찰과 기회를 시각적으로 구분하는 데 도움이 된다.

10.8. 새로운 솔루션에 대한 브레인스토밍

브레인스토밍은 디자인싱킹에서 가장 많이 사용되는 유용한 창조력 도구라는 사실을 앞에서 거듭 밝혔다. 브레인스토밍을 성공적으로 적용하려면 반드시 몇 가지 규칙을 지켜야 한다. 여기에는 앞에서 설명한 4개의 규칙 외에 추가적인 요소를 강조하는 7가지 규칙이 있다. 다음에 이를 살펴보자.

1) 판단은 뒤로 미룬다. 브레인스토밍 단계에서 나쁜 아이디어란 없다. 왜냐하면 후에는 아이디어를 평가 및 판단할 수 있는 충분한 시간이 있기 때문이다.

2) 잘 다듬어지지 않은 아이디어도 장려한다. 왜냐하면 때때로 다듬어지지 않은 아이디어야 말로 혁신적 아이디어가 될 수 있기 때문이다. 이 같은 아이디어는 후에 현실적으로 검토하는 기회를 얻는데 도움이 된다.

3) 다른 사람의 아이디어를 토대로 하여 그것을 발전시킨다. "그러나" 대신에 "그리고"라는 표현을 사용한다. 만약 다른 사람의 아이디어가 적합하지 않으면 그것을 이어받아서 좀 더 발전시켜 도전하는 것이 바람직하다.

4) 주제에 계속 집중한다. 팀원 전원이 이 원칙을 지키면 훨씬 더 좋은 결과를 얻을 수 있다.

5) 아이디어를 제시할 때 가능하면 시각적으로 표현한다. 대뇌의 좌뇌와 우뇌를 번갈아 사용하고, 논리와 감성 양면을 함께 사용하도록 노력한다.

6) 한 번에 한 사람씩 아이디어를 내도록 한다. 제시된 아이디어를 경청한 후에 이를 발전시킬 수 있도록 한다.

7) 아이디어의 수가 많이 발상되도록 목표를 둔다. 나아가 설정한 목표를 제시된 아이디어들이 초과하도록 노력한다. 모든 멤버에게 아이디어에 대한 비판을 금지해서 아이디어가 긍정적인 분위기에서 마음껏 흐르도록 한다.

이제 디자인싱킹 팀이 브레인스토밍을 하기 위한 열린 생각과 활기 넘치는 마인드셋을 가질 수 있도록 다음과 같은 활동을 해 보자.

〈브레인스토밍 워밍업 실습〉

1) 파트너와 2인 1개조를 만든다. A는 자신이 시작하고자 하는 프로젝트에 대해 생각한다. 그 예로 휴가를 계획하고 여기에 대한 많은 아이디어를 준비할 수 있다.

2) 제1 라운드
A가 연속하여 아이디어를 하나씩 말한다. B는 각 아이디어에 대해 "반대합니다."라고 말하고, 반대하는 이유를 설명한다. 약 2~3분간 계속한다.

3) 제2 라운드
B가 사업 프로젝트나 이벤트에 대한 아이디어를 하나씩 낸다. 이때 A는 각 아이디어에 대해서 "찬성합니다."라고 말하고 이 아이디어를 발전시켜 더 큰 아이디어를 만든다. 2~3분 계속한다.

4) 제3 라운드
그룹에서 두 가지 경험에 대해서 사람들이 어떻게 느끼는지에 대해서 논의한다. 대부분 제2 라운드 경험이 팀의 성공적인 브레인스토밍 환경을 만드는 데 도움을 준다고 반응할 것이다.

10.9. 전달하기(Deliver)

디자인 팀이 바람직한 다수의 솔루션을 만들어 냈으면, 그 다음에는 이들 솔루션을 어떻게 실현 가능하고 지속 가능하게 만들 것인가를 고려해야 한다. 전달(Deliver) 단계는 최고의 아이디어를 실행해 나가는 단계이다.

전달 단계에서 팀이 해야 할 과업은 다음과 같다.

1) 필요한 역량 파악

2) 재정적으로 지속 가능한 모델 만들기

3) 혁신 절차 개발

4) 모의 실험(Pilot) 계획 및 영향력 측정

전달 단계에서 해야 할 일은 다음과 같다.

첫째, 실현 가능성(Feasibility) 평가

둘째, 지속 가능성(Viability) 평가

셋째, 혁신 절차(Innovation Pipeline) 평가

넷째, 실행 계획(Implementation) 수립

다섯째, 학습(Learning) 계획 수립이다.

구성원에게 솔루션을 전달하는 것은 우리가 개발한 솔루션이 잘 실행되고 지속될 수 있는지 확인하고, 나아가 재무적 모델(financial model)을 구축하는데 그 목적이 있다. 이를 위해서 지속적 학습 및 반복 가능한 계획을 수립해야 한다.

〈디자인싱킹 4단계 예시: 덴마크 저소득 고령자지원 사례 연구〉

프로젝트 명	Good Kitchen Project
해결 과제	• 덴마크는 사회 보장 제도에 따라 정부 지원을 받는 노인들에게 식사(meal)를 정기적으로 제공하고 있음. 그런데 조사 결과, 이들 복지 혜택을 받는 노인들 상당수가 영양실조라는 놀라운 사실이 밝혀짐. • 이에 놀란 시정부, 노인 단체, 컨설팅회사가 서로 협력하여 디자인싱킹을 통해서 문제를 해결함
디자인싱킹 4단계 모델 적용	– What is?(무엇이 문제인가?) – What if?(만일 ~하면 어떨까?) – What wows?(이런 방법은 어떨까?) – What works(작동하는 솔루션은 무엇인가?) 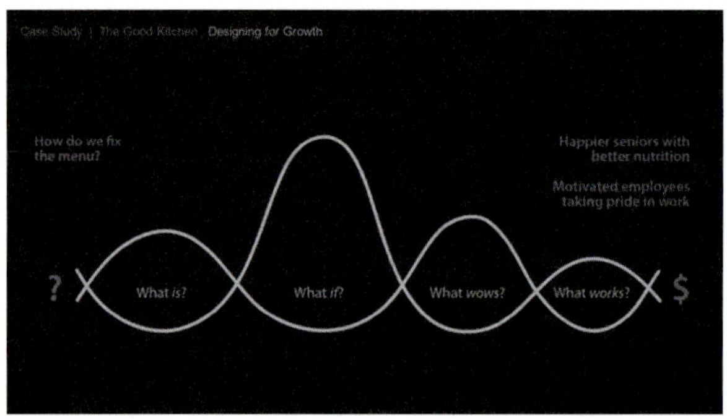
디자인싱킹을 통해 해결한 내용들	• 시정부에서 정해준 식사 메뉴에 변화를 가지고 옴. 즉 계절에 따라 제공되는 과일이 달라지고 메뉴 결정에 노인들이 참여하게 됨. • 음식을 만들고 또 이를 배달하는 운반기사들도 유니폼을 착용하게 하여 자기가 하는 일에 의미를 느끼게 함. • 노인들이 영양실조에 걸린 이유가 의사결정에 소외되었다는 사실에 자긍심을 상실하고 제공된 음식을 의도적으로 멀리했기 때문이라는 것이 밝혀짐.

부록 1

디자인싱킹 툴(Tool)

1.1. 질문 또는 문제를 재구성하는 방법

1) 분명한 해법에서 한 걸음 뒤로 물러나라

좋은 쥐덫 대신에 쥐가 꾀지 않는 방법을 모색한다.

2) 관점을 바꿔라

더 중요한 쪽으로 초점을 이동한다.

3) 진짜 문제가 되는 것을 드러내라

사람들이 원하는 것은 직경 5mm 드릴이 아니라 직경 5mm의 구멍을 뚫는 것임. 이때 만일 드릴에만 집중하게 되면 레이저를 떠올리는 것은 불가능함.(레이저 발명의 계기)

4) 저항이나 심리적 장애를 극복할 수 있는 방법을 모색하라

질문을 개발할 때 장애를 극복할 수 있도록 재구성하라

5) 반대방 입장에서 생각하라

예) 오클라호마 공동체 행동 프로젝트

주제: 주민의 참여율 제고 방법 모색

"우리가 부모님을 교육 프로젝트에 끌어들이지 못하는 이유는 무엇인가?"

"프로그램이 무료인 것을 강조하는 대신에 프로그램이 얼마나 값진 것인가를 어필하기 시작"

6) 문제에 답을 포함하지 않도록 구성하라

7) 구체적으로 시작해라

참가자들이 편안하게 대답할 수 있는 질문들로 시작하라

8) 깊이 있게 진행하라

희망, 두려움, 야망과 같이 좀 더 깊이 있는 질문을 하라.

9) 깊고 철저하게 조사하라

인터뷰 중간에 당신이 선택한 흥미 있는 주제에 대해서 좀 더 깊이 있게 조사하라.

10) "만약 ~~라면"(what if?)으로 시작되는 시나리오를 활용하여 생각을 즉각적으로 이끌어내라.

1.2. 이해 관계자 맵(Stakeholder Map)

1) 문제와 관련된 다양한 이해관계자와 이들 각각의 역할을 그린다.

2) 이해 관계자간의 다양한 관계와 중요도, 영향력 등을 파악한다.

3) 인터뷰, 설문지, 필드 조사 등을 통해 이해관계자들을 조사한다.

- 표현되지 않은 이해 관계자까지 찾아내서 표현한다.
- 각각의 이해 관계자가 가진 관심과 동기를 맵에 표현한다.

4) 이해 관계자 그룹들이 어떻게 관련되고 상호작용하는지를 살펴본다.

〈목표〉

- 불만 요인을 파악하고 잠재적 기회 영역을 확인
- 전체 시스템에서 외부/내부의 이해 관계자 역할에 대한 파악

☞ **주제와 관련된 이해 관계자 맵 작성 실습**

- 주제와 관련된 경험, 아이디어를 작성해서 팀원들과 공유한다.
- 관련되는 이해 관계자에 누가 있을지를 적어보고 맵에 그려본다.

☞ TEDx Seoul **이해 관계자 맵 예시**(서비스 디자인 진흥원 출처)

이해관계자 지도(Stakeholder Map)**: TEDxSeoul**

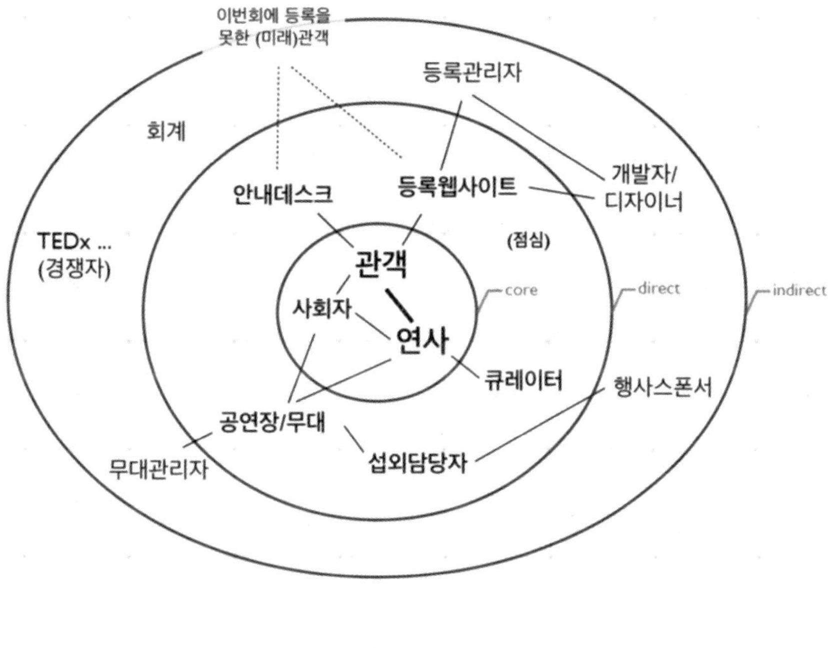

디자인싱킹은 정형화된 모델을 선호하지 않는다. 따라서 각 대학 및 기업들에 따라 다양한 모델을 고객 목적에 맞게 활용하고 있다. 이를 위해서는 먼저 기본에 충실한 것이 필요하다. 또 디자인싱킹은 수많은 메소드 카드를 즐겨 활용한다. 아래에서 메소드 카드를 중심으로 그 방법과 내용들을 간략히 소개한다.

1.3. 메소드 카드(Method Cards) : 1.3-1. 관찰하기(Look/Observe)

01	A Day in the Life(일상 생활 조사)
방법	사용자가 하루 종일 경험하는 행동들과 상황들에 대한 목록을 만든다.
이유	사용자가 일상 속에서 매일 경험하는 상황에 내재된, 예상치 못한 이슈를 드러내는 데 유용하다.

02	Behavioral Archaeology(행동 고고학)
방법	일정한 장소에서 사물의 배치, 옷 입는 패턴 등 사람들의 행동 유형을 관찰한다.
이유	인공물과 환경이 사람들의 삶과 생활 방식, 습관, 이들이 생각하는 중요한 우선순위와 가치 속에서 어떻게 형상화되고 있는지를 드러낸다.

03	Fly on the Wall(몰래 관찰하라)
방법	사람들의 활동에 영향을 미치거나 간섭하지 않고 주어진 상황에서 이들의 행동을 관찰하고 기록한다.
이유	사람들이 무엇을 했는지 말하는 것을 곧이 곧대로 받아들이는 것이 아니라, 실제 상황과 시간 프레임 안에서 진짜로 무엇을 하는가를 알아낼 수 있다.

04	Personal Inventory(개인 재고)
방법	사람들이 자신에게 중요하다고 여기는 것을 이들 자신의 생활 방식에 따라 분류하고 기록한다.
이유	행동, 지각, 가치, 그리고 이들 간의 패턴을 드러내는 데 유용하다.

05	Shadowing(그림자처럼 따라다니기)
방법	사람들이 겪는 하루 일과와 타인들과의 상호작용 그리고 일어나는 상황을 관찰하고 이해하기 위해 이들을 따라 다닌다.
이유	디자인 기회와 상품이 어떻게 영향을 미치는지 또는 사용자의 행동을 어떻게 보완할지 등을 해결하는 데 가치 있는 방법이다.

06	Social Network Mapping(사회적 관계 지도)
방법	사용자 집단 내 서로 다른 종류의 사회적 관계에 주목하고 그들 간 상호작용 네트워크를 지도로 나타낸다.
이유	사람과 사람 사이 그리고 워크 그룹 내 전문가 사이의 관계와 구조를 이해하는 데 유용한 방법이다.

07	Time-Lapse Video(시간 경과 비디오)
방법	장기간 동안 한 장소에서 일어나는 움직임을 기록하기 위해 시간 경과에 입각한 촬영 카메라를 설치한다.
이유	주어진 상황에서 장기간에 걸쳐서 행해지는 행동에 대해 객관적인 관점을 제공받는 데 유용하다.

1.3. 메소드 카드(Method Cards) : 1.3-2. 질문/참여하기(Ask/Engage)

01	Camera Journal(카메라 저널)
방법	잠재적인 사용자에게 제품 및 제품과 관련해서 갖게 된 느낌, 상황 및 활동 등을 시각화한(visual) 일지로 기록하도록 요청한다.
이유	풍부한 자기 수행 표기법은 사용자의 관점과 행동패턴을 드러내는 데 유용하다.

02	Cognitive Maps(인지적 지도)
방법	현실 또는 가상공간을 맵핑하는 사용자들에게 어떻게 길을 찾는지 보여준다.
이유	실제 또는 가상 환경에 중요한 요소, 경로 그리고 다른 공간에서 일어나는 행동을 연관지어 발견할 수 있다.

03	Collage(콜라주)
방법	참가자들에게 제공한 여러가지 이미지들로 콜라주를 만들어 달라고 요청하고(시각적 표현), 자신이 선택한 이미지와 배열의 중요성에 대해 설명하게 한다. 진행자는 사람들이 말하는 스토리 속에서 어떤 서비스로 해 주면 좋을지를 말할 수 있도록 유도한다.
이유	참가자들의 이해 수준, 문제 인식, 말로는 설명하기 복잡하거나 상상할 수 없는 테마를 시각적으로 보여준다.

04	Extreme User Interviews(극단적 사용자 인터뷰)
방법	제품에 매우 익숙한 사용자와 전혀 그렇지 않은 사용자를 구분하고 각각의 제품 사용 경험을 평가하도록 요청한다.
이유	이러한 평가들은 종종 디자인 문제에 대한 핵심사항을 언급하며 앞으로의 디자인 개선을 위한 통찰력을 제공할 수 있다.

05	Five Whys?(5회의 '왜'질문)
방법	심층적이고 연속되는 답변을 얻기 위해 5번에 걸쳐 '왜?' 라고 묻는다.
이유	사람들이 자신의 행동과 태도에 대해 근본적인 이유를 제시할 수 있다.

06	Surveys & Questionnaires(서베이와 질문지법)
방법	사용자의 특성과 인식을 확인하기 위해 일련의 문항을 개발하여 설문지로 만든다.
이유	많은 사람들로부터 짧은 시간에 답변을 유도하기에 효과적이다.

07	Word-Concept Association (단어-개념 결합)
방법	사람들이 문제에 대해 어떻게 인지하고 또 대두된 쟁점에 어떤 가치를 두는지를 보여주기 위해, 설명적인 단어와 디자인 개념 그리고 특징을 결합해 보도록 요청한다.
이유	사용자의 인식을 결합하는 것은 디자인 특징과 개념을 평가하고 우선 순위를 정하는 데 도움이 된다.

1.3. 메소드 카드(Method Cards) : 1.3-3. 체험하기(Try/Immerse)

01	Empathy tools(공감 툴)
방법	노인이나 신체장애자가 처한 신체적 · 물리적 상황을 경험하기 위해서 흐릿한 안경이나 무거운 장갑 나아가 거동이 불편하도록 다리에 붕대를 감는 등 여러가지 도구를 착용하고 이들의 경험을 해본다.
이유	장애가 있거나 특별한 상황에 있는 사용자들을 이해하고 공감하는 데 좋다.

02	Paper Prototyping(종이 프로토타이핑)
방법	빠르게 스케치하고 레이아웃을 하여 기본적인 편리성을 위한 상호작용 디자인 컨셉을 평가한다.
이유	빠르게 조직화하고, 분명히 표현하여 상호작용 디자인 컨셉을 시각화하는 데 좋다.

03	Quick and dirty prototyping(신속하고 개략적인 프로토타입)
방법	사용 가능한 재료를 활용하여, 가능한 빨리 형태를 만든다. 또한 평가를 위한 상호작용을 빨리 받는다.
이유	팀에게 컨셉에 대해 소통하고, 디자인을 어떻게 개선할지를 평가하는 데 좋다.

04	Role playing(역할 연기)
방법	디자인 문제에 연관된 이해 당사자들을 확인하고, 팀 멤버들에게 서로 다른 역할을 할당한다.
이유	실제 상황이나 가상 상황에서 행동하도록 함으로써, 팀은 실제 사용자와 관련된 문제들에 대해 감정이입을 해 볼 수 있다.

05	Scale modeling(스케일 모델링)
방법	고객과 팀이 사용자들과 함께 공간을 디자인하기 위해서 축척된 일반적인 건축 모델 부품들을 사용한다.
이유	공간 프로토타이핑은 문제를 예측하고 각각 다른 이해 관계자들의 보이지 않는 욕구에 반응을 보이기 때문에 유용하다.

06	Try it yourself(직접 해 보기)
방법	디자인한 제품이나 시제품을 직접 사용해 본다.
이유	제품을 사용해보는 것은 실제 사용자들이 가졌을 만한 경험과 느낌을 알아보게 할 뿐만 아니라 즉각적인 리디자인을 가능하게 하기 때문에 유용하다.

07	Behavior Sampling(행동 샘플링)
방법	사람들에게 무선 호출기나 폰을 주고 그것이 울렸을 때, 그 순간의 상황에 대해 느낌, 기분 그리고 감정 등을 기록하고 평가할 것을 요구한다.
이유	제품과 서비스가 사람들의 일상에서 예상치 못한 방법들로 어떻게 통합되는지를 밝히는 데 유용하다.

08	Be Your Customer(고객 되어보기)
방법	고객에게 그들의 전형적인 경험을 묘사하고, 개념화하고, 행동하게 한다.
이유	이것은 고객이 자신의 인지를 드러내고 실제 소비자로서 한 경험에 대한 교훈적 정보와 참고점을 제공하는 데 도움을 준다.

09	Scenario Testing(시나리오 테스팅)
방법	사용자에게 일어날 가능성이 있는 미래를 묘사한 카드들을 보여주고, 이들의 반응을 공유하기 위해서 초대한다.
이유	개념의 가치를 고객에게 소통하게 하는 것은 물론, 미래의 상황에서 나타날 특징의 조합을 수집하는 데 유용하다.

10	Scenarios(시나리오)
방법	상품 혹은 서비스 이용의 맥락을 묘사하는 특성이 풍부한 스토리 라인을 그려본다.
이유	의사소통 및 사용시 기능성과 관련하여 디자인 아이디어의 본질을 명문화하는 데 도움이 된다. 서비스 개념의 평가에 특히 유용하다.

11	Body Storming(바디 스토밍)
방법	시나리오를 실징하고 신체를 이용한 연기에 의한 직관적 반응에 초점을 맞추면서 소품을 가지거나 또는 소품 없이 역할극을 한다.
이유	신속하게 실시 가능하여 여러 가지 상황과 행동을 기반으로 개념을 테스트하는 데 도움이 된다.

출처: IDEO method cards 일부 발췌

http://www.ideo.com/work/method-cards

부록

부록 2

교육 과정 개선을 위한 **HMW 질문 사례**

교육 과정(Curriculum)

독서 활동에 학생들을 어떻게 참여시킬 수 있을까?

중국어 수업을 "실제" 중국 사회와 어떻게 연관시킬 수 있을까?

학생들을 가르치기 위한 실질적이고 유용한 교육 과정을 어떻게 개발할 것인가?

공간(Space)

교실 공간을 학생들 중심으로 만들려면 어떻게 디자인해야 하는가?

교사들이 상호협력하도록 하기 위해 공간을 어떻게 만들 것인가?

큰 소리로 협력하는 방법과 조용하게 사색할 수 있는 방법이 서로 조화되도록 하려면 도서관을 어떻게 재설계할 수 있을 것인가?

프로세스와 도구(Processes and tools)

학교와 가정의 파트너십을 어떻게 구축할 수 있을까?

학교 일정을 학생들의 학습 리듬에 어떻게 적용시킬 수 있을까?

어떻게 하면 저학년 대학생들에게 대학 생활에 체계적으로 적응할 수 있는 방법을 지원하고 만들어 줄 수 있을까?

시스템(Systems)

교사들이 지역을 넘어 넓은 영역에서 협업할 수 있도록 도와주는 기구를 어떻게 개발할 것인가?

학생들이 좀 더 평안히 공부하고 또 휴식을 취할 수 있는 캠퍼스를 어떻게 지원할 수 있을까?

어떻게 하면 학생들이 지역 사회에 봉사할 수 있는 캠퍼스를 설계할 수 있는가?

부록 3

가상 집중 강좌(Virtual Crash course)를 통한 **디자인싱킹 실습**

여러분은 비교적 짧은 시간에 사용자, 고객 혹은 특정 대상의 경험을 통해 문제를 정의하고 이노베이션하는 방법을 찾아내기를 원하는가? 그러나 디자인싱킹이 가진 큰 줄기를 이해하지 못해서 흥미를 잃어버리지는 않았는가?

디자인싱킹 실습을 통해 체험하고 실제 문제에 적용하기까지는 상당한 시간과 경험이 필요하다. 따라서 우리는 가상 문제에 이것을 적용하여 빠른 시간에 디자인싱킹의 전 과정을 체험할 수 있도록 돕는 방법이 필요하다. 이러한 방법을 가상 집중 강좌(virtual crash course)라고 한다. Stanford d.School에서는 디자인싱킹을 신속히 가상 체험하는 과정인 virtual crash course를 단기 워크숍에서 많이 사용하고 있다. 다음 사례는 이 워크숍에서 다루는 주제중 하나인 '모닝커피를 마시는 경험을 리디자인(redesign)하라'를 설명한 것이다.

DT주제 "모닝커피를 마시는 경험을 리디자인(redesign)하라"

커피 마시는 행위를 둘러싼 사람들의 행동을 관찰해서 잠재해 있는 욕구와 기회를 알아내라고 주문한다.

"한 가지 큰 프로젝트보다 다수의 작고 쉬운 프로젝트를 수행함으로써 디자인싱킹을 배울 수 있는 기회를 최대한 늘리는 것이 중요하다" 이 같은 과정은 통상 1~2시간 이내에 체험 학습할 수 있다. 유튜브(YOUTUBE) 등에서 볼 수 있는 다양한 동영상과 인터넷상에 소개되는 자료를 보면 다음과 같은 주제가 많이 다뤄지는 것을 알 수 있다.

가상 집중 강좌 주제(Virtual crash courses) :

"선물 주기 경험(Gift giving experience)"
"매일 통근(통학) 과정을 리디자인(redesign)하라"
"모닝커피를 마시는 경험을 리디자인(redesign)하라 "
"이상적인 지갑 재설계(Ideal Wallet redesign)"
"헌혈 경험(Blood giving experience)"
"자동차 정비 경험을 개선하라"
"가나자와 지역의 관광 경험을 리디자인(redesign)하라"

국내에서 본서 저자들 및 다른 강사들이 적용한 주제들에는 다음과 같은 것들이 있다.

"경주의 관광 경험을 리디자인하라"
"더 좋은 라면 경험 디자인"
"노래방 경험을 리디자인하라"
"여성용 핸드백을 리디자인하라"
"대학병원 응급실을 재설계하라"
"해외 여행 상품을 재설계하라"
"대학 캠퍼스를 재설계하라"

팀 구성:

참가자들이 개인적으로 선호하는 주제를 중심으로 팀을 구성한다. 이때 팀의 퍼실리테이터를 선정해서 토의의 효과적인 운영을 설계하는 것이 효율적이다. 그 밖에는 일반적인 팀 구성 방법에 따라서 팀장, 기록자를 선출하고 각자의 역할을 정해서 진행한다.

워크숍을 효과적으로 진행하기 위해서는 전공이 다른 복수의 교수 또는 컨설턴트 수준의 강사와 진행을 도와주는 퍼실리테이터들이 필요하다. 퍼실리테이터는 디자인싱킹 전과정을 이해하고 있어야 하고 강사를 도와 워크숍이 잘 진행되도록 각 팀을 돌며 팀원들이 제대로 하고 있는지 지적·개선해 주는 역할을 수행해야 한다.

'디자인싱킹이란 무엇인가?'에 대해 문제 해결 토의의 약 1~2시간 먼저 강의로 시작하면서 디자인싱킹이 왜 필요한지도 다룬다. 이어서 문제 해결을 해야 할 때 어떻게 해결해야 하는지(how to solve)?에서 시작해서 그 다음에 무엇을(what to solve), 왜(why to solve) 해결할지 등에 대한 내용을 찾아가는 순서로 진행한다.

디자인싱킹 각 단계가 가진 의미에 대해 간단한 설명을 하고, 적재적소에서 실제 활용 사례를 풍부히 제시한다. 참여자들이 수행하는 팀 및 개인 활동에 대하여 피드백, 코칭을 제공해 줄 때 디자인싱킹의 성과와 만족도가 훨씬 더 커진다.

따라서 퍼실리테이션에 따라 디자인싱킹 교육의 성과가 많이 달라질 수 있다. 퍼실리테이션을 할때는 참가자의 언어와 문화 차이도 고려하는 것이 필수적이다.

[참고] MYSE 디자인싱킹 퍼실리테이션

본격적인 주제에 대하여 디자인싱킹을 수행하기 전에 전과정을 경험할 수 있는 가상 집중 강좌(virtual crash course)를 실시하는 것은 팀원들에게 전체적인 내용을 체험하게 하여 디자인싱킹에 대한 이해도를 높여 줄 수 있기 때문에 효과적이다.

디자인싱킹 워크숍을 2~3일 정도 진행하는 경우에도 초기에 가상 집중 강좌를 1~2시간에 실시하는 것이 바람직하다. 하루 정도 워크숍을 한다면 이러한 가상 집중 강좌만으로 구성해도 좋을 것이다. 이처럼 진행할 때 참고할 수 있는 d.school의 가상 과정(crash course) 흐름을 다음과 같이 제시할 수 있다.

가상 집중 과정(virtual crash course) 시간표

내용	비고
1단계 공감하기	
1. 조사 및 인터뷰(dig)	10분 (A->B, B->A 각 5분씩) 상호 인터뷰
2. 깊이 파고들기(dig deeper)	10분 (A->B, B->A 각 5분씩) 상호 인터뷰
2단계 문제 정의하기	
3. 조사한 것을 파악하기(needs & insight 파악)	5분씩 각자 수행
4. 문제 정의문(Point of View) 확립하기	5분씩 각자 수행
3단계 아이디어 발상	
5. 스케치	5분씩 각자 수행
6. 솔루션 공유 및 피드백 받기	5분씩 상대방에게 피드백 받기
7. 새로운 해결책 반영 & 스케치하기	5분씩 새로운 해결책 스케치
4단계 프로토타입	
8. 솔루션 만들기(prototype)	30분간 각자 수행
5단계 test	
9. 솔루션을 공유하고 피드백을 받는다	10분간 상대방에게 피드백 받기

부록 4

디자인싱킹 기반 **공학 설계 절차**

디자인싱킹을 이용한 공학 설계 절차는 디자인싱킹의 특성을 엔지니어링 디자인에 반영하여 구성되었다.

1단계: Research(문제 연구), 이 단계는 HPI에서 활용하는 절차 중 제1단계인 이해하기, 즉 문제를 인지하는 단계와 같다. 이는 프로젝트의 상황을 이해하는 것을 의미한다

2단계: Emphasize Users(사용자 공감하기), 사용자, 즉 고객에 대해 관찰하기, 인터뷰하기 그리고 체험하기를 통하여 공감하는 단계이다.

3단계: Reframing Problem(문제 재구성하기), 이 단계는 문제를 정의하는 단계와 같다. 특정한 대상, 필요 및 통찰로 이루어진다. 이때 사용자 페르소나, 친화도 도표 및 사용자 체험 여정(user journey map)과 같은 도구를 사용할 수 있다.

4단계: Ideation과 Prototyping(아이디어 발상하기와 신속하고 개략적인 프로토타입 만들기),

이 단계는 통상적인 아이디어 발상과 신속하고 개략적인 프로토타입을 만드는 것을 결합시키는 단계에 해당된다. 이때 브레인스토밍, 스캠퍼(SCAMPER), 트리즈(TRIZ), 아이디어 스케치, 목컵(mock up) 등의 도구를 활용할 수 있다.

5단계: Functional Prototypes(기능형 프로토타입), 이 단계는 전 단계에서 만든 개략적인 프로토타입에서 고객의 요구 사항을 피드백 받아 개선한 사안을 보다 정교하게 프로토타입한다. 이때 작동이 가능한 프로토타입을 3-D프린터 등으로 정밀하게 제작하게 된다.

6단계: Evaluation(평가하기), 이 단계는 프로토타입 단계에서 나온 솔루션, 즉 대안을 수시로 평가하고 선정하는 것을 의미한다.

7단계: Installation(설치하기), 이 단계는 프로토타입을 필요한 곳(on-site), 즉 현장에서 평가하고 사용자로부터 받는 직접 피드백을 통해 개선하는 것을 포함한다.

참고: 제2회 국제 디자인싱킹 컨퍼런스 & 워크숍, 마쯔시다 발표 자료 일부 참조(2016. 4. 29-30)

〈참고 자료〉

1. 저서

Plattner, H,, Meinel C., & Leifer, L., (2011). Design Thinking : Understand-Improve-Apply. Springer.

Thoring, K., & Müller, R. M. (2011b). 〈Understanding Design Thinking : A Process Model based on Method Engineering.〉

Tom Kelly & David Kelly(2013). 〈Creative confidence.〉, Harper Collins Publishers.

2. 강연 및 인터넷 자료

Martin Steinert, NTNU, Yeungnam University Seminar, 2015. 4.

Jan Schmiedgen, Innovation Facilitator at Hasso Plattner Institute

Andre Paul Guillaum Gide (French author and Nobel Prize literary)

Make Space, Scott Doorey and Scott Witthoft

International Conference on Engineering and Product Design Education, City University. London, UK.

Stanford d.school. (2011). Bootcamp Bootleg, from http://dschool.stanford.edu/wpcontent/uploads/2011/03/BootcampBootleg2010v2SLIM.pdf (last accessed 1.6.13).

Stanford d.school. (2012). Bootcamp Bootleg, from http://www.dbootleg.org/

Design Thinking Process of IDEO, 발표자료 :

https://www.linkedin.com/pulse/ibm-design-thinking-sivakumar-avkd

디자인 프로세스를 읽다-디자인 전문기업 성공사례(KIDP 한국디자인진흥원)

Bruce Nussbaum, Business Week, June 19, 2006. p.10.

http://skccblog.tistory.com/2187http://www.slideshare.net/BeeCanvas/brainwriting

http://www.slideshare.net/BeeCanvas/all-about-brainstorming

crashcourseplaybookfinal3-1-120302015105-phpapp02